L'auteur souhaite renouveler ses remerciements du premier volume et exprimer
sa reconnaissance envers Patrick Pion et Arthur Labbaye pour leurs regards
sur les couleurs et l'histoire du présent ouvrage.

Cet ouvrage a été initialement publié sous forme de trois gazettes grand format proposant d'authentiques articles d'époque rédigés par Alex Nikolavitch.

Photogravure : ColorWay.

ISBN 978-2-36981-014-8

www.facebook.com/ruedesevresBD / www.editions-ruedesevres.fr

Dépôt légal : juillet 2018. Imprimé en Belgique par Lesaffre, sur papier Arctic volume white 150g.

ALEX ALICE
Scénario & Dessin

LE CHÂTEAU DES ÉTOILES

1869 : LA CONQUÊTE DE L'ESPACE

SECONDE PARTIE

"Ils ne savaient pas que c'était impossible, alors ils l'ont fait."

Assistant perspectives : Anthony Simon
Conception graphique : Benjamin Brard

PARIS
RUE DE SÈVRES
ÉDITIONS

RÉSUMÉ DU PREMIER VOLUME

ocher du Cygne,
vière, 11 mars 1870.
EUH...
VOTRE ALTESSE IMPÉRIALE ?
PARDONNEZ NOTRE IMPUDENCE, ALTESSE... MAIS IL S'AGIT DE NOS ENFANTS... C'EST-À-DIRE ...
MON GRAND GAILLARD HANS, ET PUIS SOPHIE, LA FILLE DE MON ÉPOUSE ...
ILS N'ÉTAIENT PLUS CENSÉS TRAVAILLER AU CHÂTEAU, MAIS...
VOUS CONNAISSEZ LES ENFANTS, C'EST GARNEMENTS ET COMPAGNIE !
VOILÀ... NOUS PENSONS QU'ILS SONT À BORD DE LA MACHINE VOLANTE DU ROI !
JE SUIS DÉSOLÉE. JE NE SAIS PAS QUI ÉTAIT À BORD DE L'ÉTHERNEF.
"ÉTAIT"?!
ÇA FAIT 36 HEURES QUE L'APPAREIL A DISPARU DES TÉLESCOPES... MAIS LES RECHERCHES CONTINUENT !
TOUTE LA NUIT...
TOUTES LES NUITS, S'IL LE FAUT !
MAIS VOUS... VOUS RENTREZ CHEZ VOUS CE SOIR, N'EST-CE PAS ?
ALTESSE...
RESTE-T-IL UN ESPOIR ?

CHAPITRE 4

LES NAUFRAGÉS DU CIEL

39 heures plus tôt.
CHAMBELLAN ?
QUOI ?!
BAF !
SI NOUS ÉTIONS EN AUTRICHE, JE VOUS FERAIS EXÉCUTER SUR-LE-CHAMP !
MAIS NOUS NE SOMMES PAS DANS VOTRE VIEIL EMPIRE DÉCADENT, "ALTESSE" !
VOTRE COUSIN LE ROI VIENT DE PERDRE SON TRÔNE, IL S'APPRÊTE À PERDRE LA VIE...
CROYEZ-VOUS VRAIMENT QUE CE BRICOLAGE DE TOILE ET DE BOIS SOIT CAPABLE DE VOYAGER DANS L'ESPACE ?
NON... ET JE NE PENSE PAS QUE LE ROI Y CROIE VRAIMENT...
... IL A SIMPLEMENT TROUVÉ UN MOYEN DE S'ÉCHAPPER...
DÉFINITIVEMENT.
OH, LUDWIG...

SÉRAPHIN ! UN DERNIER EFFORT !
J'Y SUIS !
HO...
...HISSE !
JE TE TIENS !
PÈRE ! MAJESTÉ ! SOPHIE ! TOUT LE MONDE VA BIEN ?!
"SOPHIE" ?!
HEM ! EH BIEN MAJESTÉ... LAISSEZ-MOI VOUS EXPLIQUER ... ET EUH... ME CHANGER ...
PLUS TARD !
PREMIÈRE URGENCE : VÉRIFIER L'ÉTAT DE LA COQUE ET DU BALLON. L'APPAREIL DOIT ÊTRE INTACT SI NOUS VOULONS RÉUSSIR CE VOYAGE !
QUEL VOYAGE ?
DITES, PAS DE BLAGUE, HEIN ? MAINTENANT QU'ON A ÉCHAPPÉ AU CHAMBELLAN, ON VA REDESCENDRE, N'EST-CE PAS ? PARCE QUE JE VAIS ÊTRE MALADE !
CE SERA VITE PASSÉ, HANS ! TROIS HEURES POUR MONTER JUSQU'À 13 000 MÈTRES, UNE HEURE DANS L'ÉTHER ET RETOUR !
MAIS...
VOUS ÊTES SÛRS QU'ON NE PEUT PAS FAIRE UNE ESCALE ?
QU'EST-CE QUE TU FABRIQUES AVEC LE BUSTE DE MONSIEUR WAGNER ? LE ROI Y TIENT, ET ON N'A PLUS BESOIN DE JETER DU LEST !

PROFESSEUR ...
JE N'AI PAS MIS MA COURONNE EN PÉRIL POUR UNE HEURE DANS L'ÉTHER.
JE SAIS, MAJESTÉ... MAIS TOUT CE QUI COMPTE POUR L'INSTANT, C'EST DE PROUVER AU MONDE QUE LES MOTEURS À ÉTHER FONCTIONNENT. SI NOUS RÉUSSISSONS, VOUS GARDEREZ VOTRE TRÔNE... ET NOUS POURRONS PRÉPARER CET ENGIN POUR UN VOL INTERPLANÉTAIRE !
EH BIEN... POUR MONTRER QUE NOUS NE SOMMES PAS FOUS... POUR QUE SA MAJESTÉ GARDE SON TRÔNE, IL FAUT QUE CE VOL SOIT UN SUCCÈS...
... MAIS COMMENT ALLONS-NOUS LE PROUVER ?
OUI, MAIS AVEC QUELLE PREUVE ?
SÉRAPHIN ?
VOYONS, C'EST UNE EXPÉDITION SCIENTIFIQUE !
NOUS AVONS DES INSTRUMENTS, UN CARNET DE BORD !
S'IL LE FAUT, J'IRAI PRÊTER SERMENT DEVANT L'ACADÉMIE DES SCIENCES !
UN SERMENT POUR UN ROYAUME... VOUS AVEZ FOI EN VOS SEMBLABLES !
C'EST HEUREUX, MAJESTÉ, J'AI MIS MA VIE À LEUR SERVICE...
PAS VOUS ?
ALORS ?
PATIENCE, VOTRE ALTESSE IMPÉRIALE ! JE VOUS EN CONJURE, CES CHOSES PRENNENT DU TEMPS !
AH...
JE LES VOIS ! ÇA Y EST !
REGARDEZ, VOTRE ALTESSE !

SEIGNEUR DIEU !
ILS FONCENT SUR LES MONTAGNES !
LE VENT NOUS POUSSE VERS LES ALPES... ACCROCHEZ-VOUS, ÇA VA SECOUER !
SÉRAPHIN !
MAJESTÉ ?
JE SAIS POURQUOI VOUS VOULEZ VOIR L'ÉTHER...
J'AI LU LE CARNET DE VOTRE MÈRE...
JE SAIS CE QUE VOUS PENSEZ... ELLE DOIT BIEN ÊTRE QUELQUE PART ...
... ET SI ELLE EST QUELQUE PART, ON DOIT POUVOIR LA RETROUVER !
JUSQU'OÙ ÊTES-VOUS PRÊT À ALLER ?
MAJESTÉ ! SÉRAPHIN ! ON DOIT FERMER L'ÉCOUTILLE MAINTENANT !
JUSQU'AU BOUT DE L'UNIVERS, MAJESTÉ.
ILS APPROCHENT DU SOMMET !
DONNERWETTER ! VONT-ILS PASSER ?
MON PAUVRE ÉTHERNEF ! LAISSEZ-MOI VOIR !
MAJESTÉ ! JE VOUS EN CONJURE, VENEZ VOUS METTRE À L'ABRI !!
SEIGNEUR ! ILS VONT PERCUTER...

ILS SONT PASSÉS !
10 mars 1870, 3h15 du matin.
Le premier éthernef jamais conçu par l'homme quittait la Terre au son des fusées d'artifice et de la musique de Wagner.
Qui aurait pu imaginer, alors, jusqu'où il allait nous emmener ?
BON! SOPHIE! SCELLE LES ÉCOUTILLES! HANS! VÉRIFIE LE SAS! SÉRAPHIN! METS EN MARCHE LE RENOUVELLEMENT DE L'AIR!
PROCHAINE ÉTAPE : LE MUR DE L'ÉTHER !

Le « mur de l'éther »... 13 000 mètres ! Avant cette altitude, pas la peine d'essayer d'allumer les moteurs : l'éther n'est pas assez pur.
13 000 mètres... 13 kilomètres. C'est drôle, sur Terre c'est juste assez pour aller chez tante Gersande s'ennuyer à mourir un dimanche après-midi...
Mais ici...
Vers le ciel...
C'est la frontière d'un territoire inexploré... Plus froid que les pôles, plus vide que le désert, plus mystérieux que toutes les jungles d'Asie...
Et sans air, pour arranger le tout !
Sur Terre, à partir de 3 500 mètres commencent les maux de tête, et on a du mal à respirer. À partir de 7 000 mètres, la vie devient impossible sans équipement de survie.
C'est pour ça que les aéronautes modernes portent un masque à oxygène et une combinaison chauffante.
L'éthernef embarque tout ça, bien sûr, et mieux encore...
Un ingénieux système Reiset & Regnault absorbe les gaz néfastes et renouvelle l'oxygène. L'éthernef respire comme un gigantesque animal !
Jusqu'à 13 000 mètres, deux batteries fournissent le courant. Ensuite, le variateur électro-éthérique prend le relais.
L'électricité, en effet, est le sang de l'animal.
Notre grand oiseau sait aussi se tenir au chaud, avec 48 résistances électriques réparties dans ses membres de géant...

Véritable cœur de la machine, le « variateur » permet à la fois de contrôler la puissance de l'éther et d'alimenter en électricité les systèmes de survie.
L'éthernef devient alors totalement autonome, et les seules limites à la durée du voyage sont les réserves de vivres...
... et la patience des passagers.
C'EST ENCORE LOIN ?
NOUS VENONS DE DÉPASSER LES 5000 MÈTRES, TU TE RENDS COMPTE ?
Ouiiiiii !
REGARDE ! ON VOIT LE LAC HEITERWANGER, LE FORGGENSEE, MÊME LE ALPSEE !
JE NE RECONNAIS RIEN DU TOUT !
OÙ SONT LES FRONTIÈRES ?
DANS NOS TÊTES, JE SUPPOSE !
AH NON ! PARLE POUR TOI ! JE N'AI RIEN DE COMMUN AVEC UN TYROLIEN OU UN AUTRICHIEN !
TU AS VU COMMENT ILS S'HABILLENT ?
C'EST UNE PETITE PLANÈTE, HANS... SI NOUS NE PARVENONS PAS À NOUS ENTENDRE SUR LA LONGUEUR DE LA CULOTTE DE PEAU...
?
ALORS C'EST QU'IL EST GRAND TEMPS D'ALLER TROUVER DE NOUVELLES TERRES LÀ-HAUT !
TU NE REGARDES PAS LA TERRE, SÉRAPHIN ? QU'EST-CE QUE TU CHERCHES ?
C'EST VERS CETTE ALTITUDE QUE MA MÈRE A DISPARU ...

9 000 mètres.
-33 degrés.
Alors que nous procédions aux ultimes vérifications des systèmes de survie, le roi inspectait l'appareil comme s'il s'était agi de son nouveau royaume.
À la proue, l'orbe d'argent brillait comme un phare sur la côte invisible d'un monde inconnu.
11 000 mètres.
-42 degrés.
LE MUR DE L'ÉTHER... TU CROIS QU'ON VERRA QUELQUE CHOSE ?
L'ÉTHER EST INVISIBLE, MAIS D'APRÈS LE CARNET DE MA MÈRE, ON DEVRAIT ASSISTER À DES PHÉNOMÈNES ÉLECTROMAGNÉTIQUES...
VOUS CROYEZ QUE ÇA FAIT MAL ?
12 000 mètres.
-47 degrés.
12 300 mètres.
-49 degrés.
12 540 mètres.
-50 degrés.
...
PROFESSEUR ! IL Y A UN DRÔLE DE BRUIT PAR ICI !
ÇA VIENT DU PLACARD À SCAPHANDRES !
OOOOOOOOOOOO
UNE FUITE D'AIR ?
ATTENTION !
SOYEZ PRUDENT, PROFESSEUR !
CLAC
?!!!
FALSTAFF !!
COMMENT CET ANIMAL EST-IL ARRIVÉ JUSQU'ICI ?
ET QU'EST-CE QU'IL A À HURLER COMME ÇA, CET IMBÉCILE ?
EUH...
SOPHIE ?
?!

LE MUR DE L'ÉTHER!
HANS! VÉRIFIE QUE TON CHIEN N'A RIEN ENDOMMAGÉ!
SCELLEZ TOUTES LES PORTES!
OÙ EST LE ROI?!
MAJESTÉ!
SÉRAPHIN...
C'EST LE MOMENT DONT NOUS AVONS RÊVÉ!
ÇA VA MARCHER, MAJESTÉ. JE SAIS QUE ÇA VA MARCHER!
PORTES SCELLÉES, PÈRE! LE ROI EST DANS SA CABINE DE PROUE!
PARFAIT. REJOINS-MOI AU POSTE DE COMMANDE!
À TOI L'HONNEUR DE METTRE EN MARCHE LES MOTEURS.
PUISSANCE MINIMUM POUR COMMENCER.
PRÊT?
CLIC

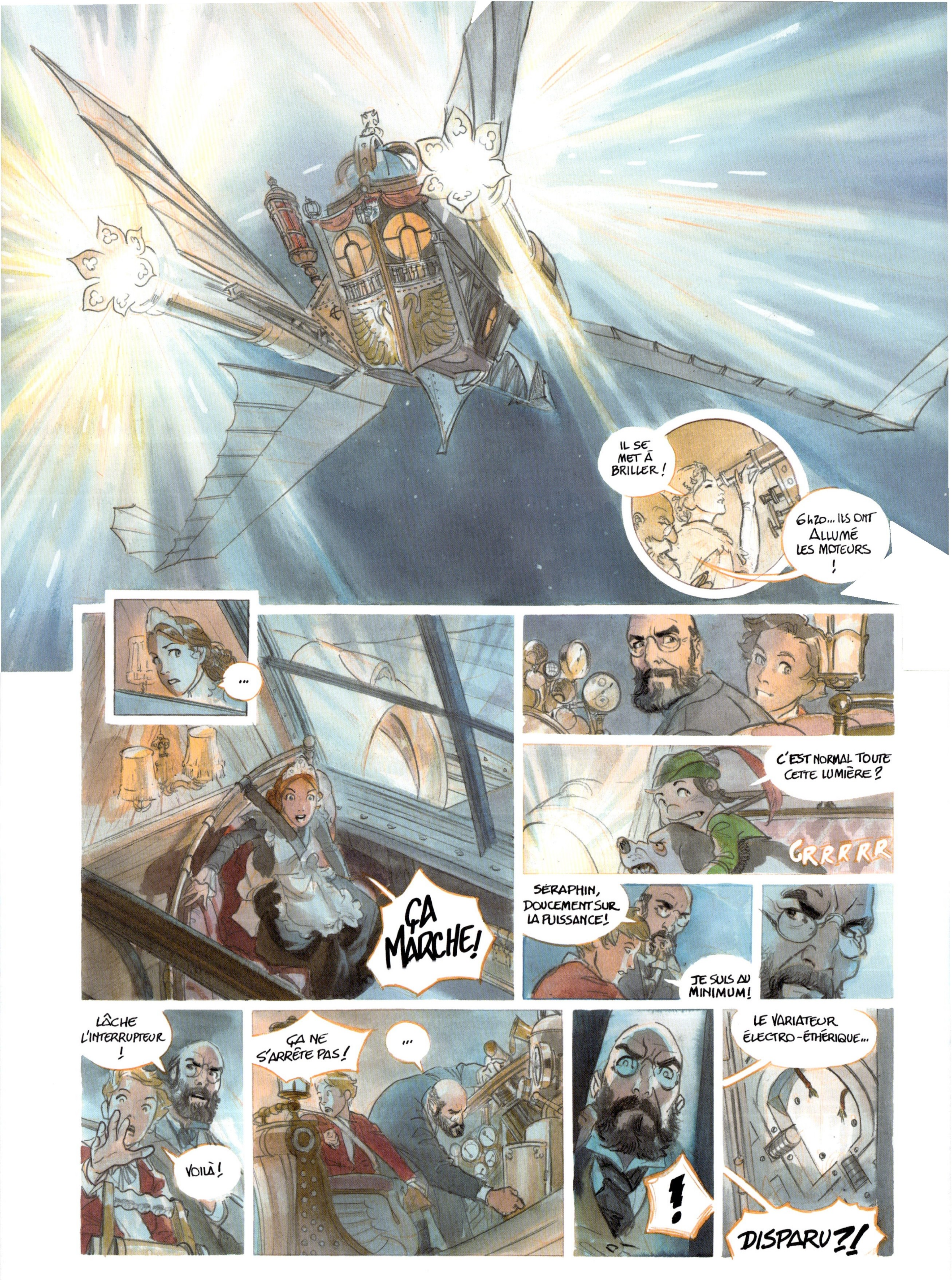
IL SE MET À BRILLER !
6h20... ILS ONT ALLUMÉ LES MOTEURS !
...
ÇA MARCHE !
C'EST NORMAL TOUTE CETTE LUMIÈRE ?
GRRRRR
SÉRAPHIN, DOUCEMENT SUR LA PUISSANCE !
JE SUIS AU MINIMUM !
LÂCHE L'INTERRUPTEUR !
VOILÀ !
ÇA NE S'ARRÊTE PAS !
...
!
LE VARIATEUR ÉLECTRO-ÉTHÉRIQUE...
DISPARU ?!

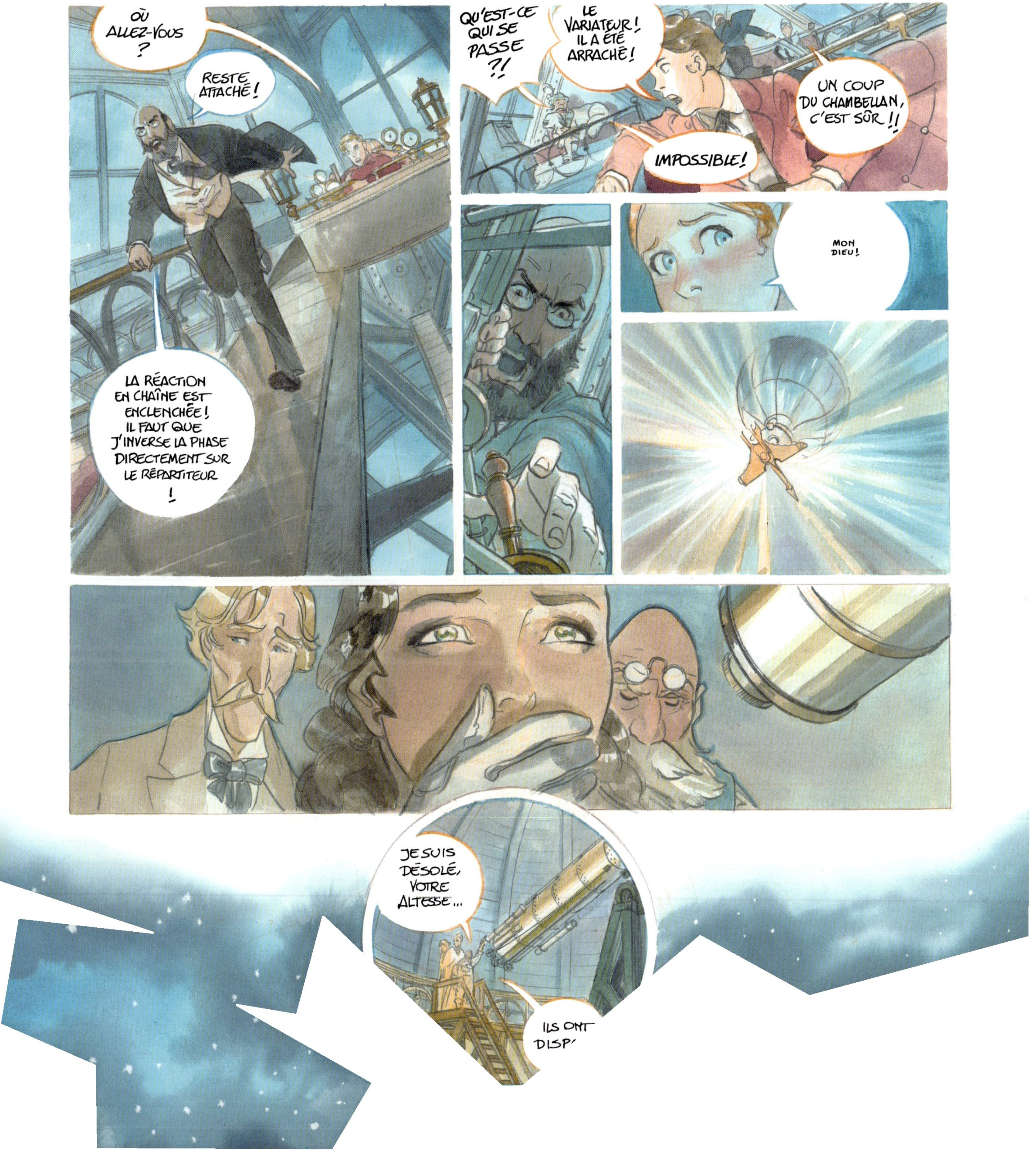
OÙ ALLEZ-VOUS ?
RESTE ATTACHÉ !
LA RÉACTION EN CHAÎNE EST ENCLENCHÉE ! IL FAUT QUE J'INVERSE LA PHASE DIRECTEMENT SUR LE RÉPARTITEUR !
QU'EST-CE QUI SE PASSE ?!
LE VARIATEUR ! IL A ÉTÉ ARRACHÉ !
UN COUP DU CHAMBELLAN, C'EST SÛR !!
IMPOSSIBLE !
MON DIEU !
JE SUIS DÉSOLÉ, VOTRE ALTESSE...
ILS ONT DISP

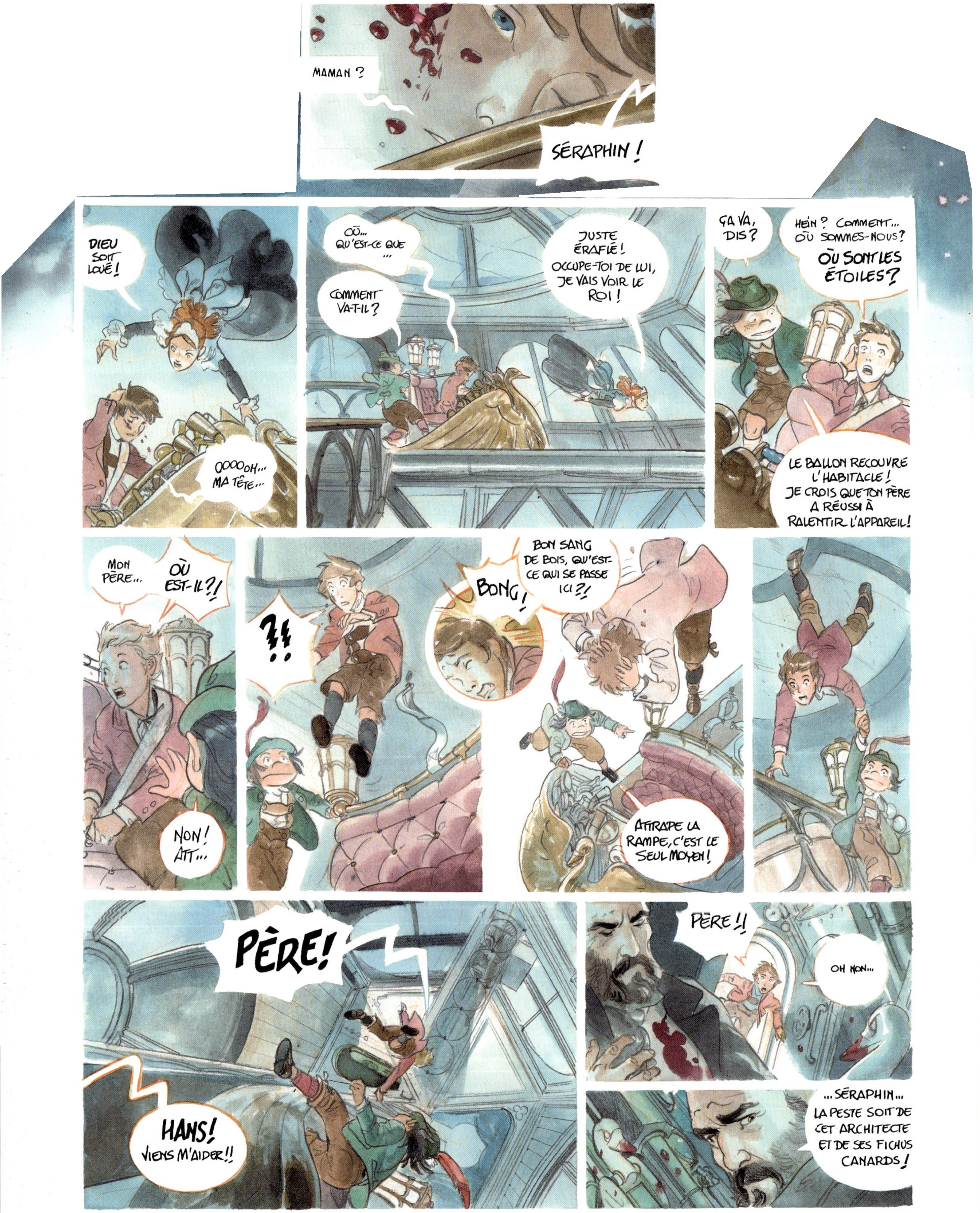
MAMAN ?
SÉRAPHIN !
DIEU SOIT LOUÉ !
OOOOOH... MA TÊTE...
OÙ... QU'EST-CE QUE ...
COMMENT VA-T-IL ?
JUSTE ÉRAFLÉ ! OCCUPE-TOI DE LUI, JE VAIS VOIR LE ROI !
ÇA VA, DIS ?
HEIN ? COMMENT... OÙ SOMMES-NOUS ?
OÙ SONT LES ÉTOILES ?
LE BALLON RECOUVRE L'HABITACLE ! JE CROIS QUE TON PÈRE A RÉUSSI À RALENTIR L'APPAREIL !
MON PÈRE...
OÙ EST-IL ?!
NON ! ATT...
?!
BONG !
BON SANG DE BOIS, QU'EST-CE QUI SE PASSE ICI ?!
ATTRAPE LA RAMPE, C'EST LE SEUL MOYEN !
PÈRE !
HANS ! VIENS M'AIDER !!
PÈRE !!
OH NON...
... SÉRAPHIN... LA PESTE SOIT DE CET ARCHITECTE ET DE SES FICHUS CANARDS !

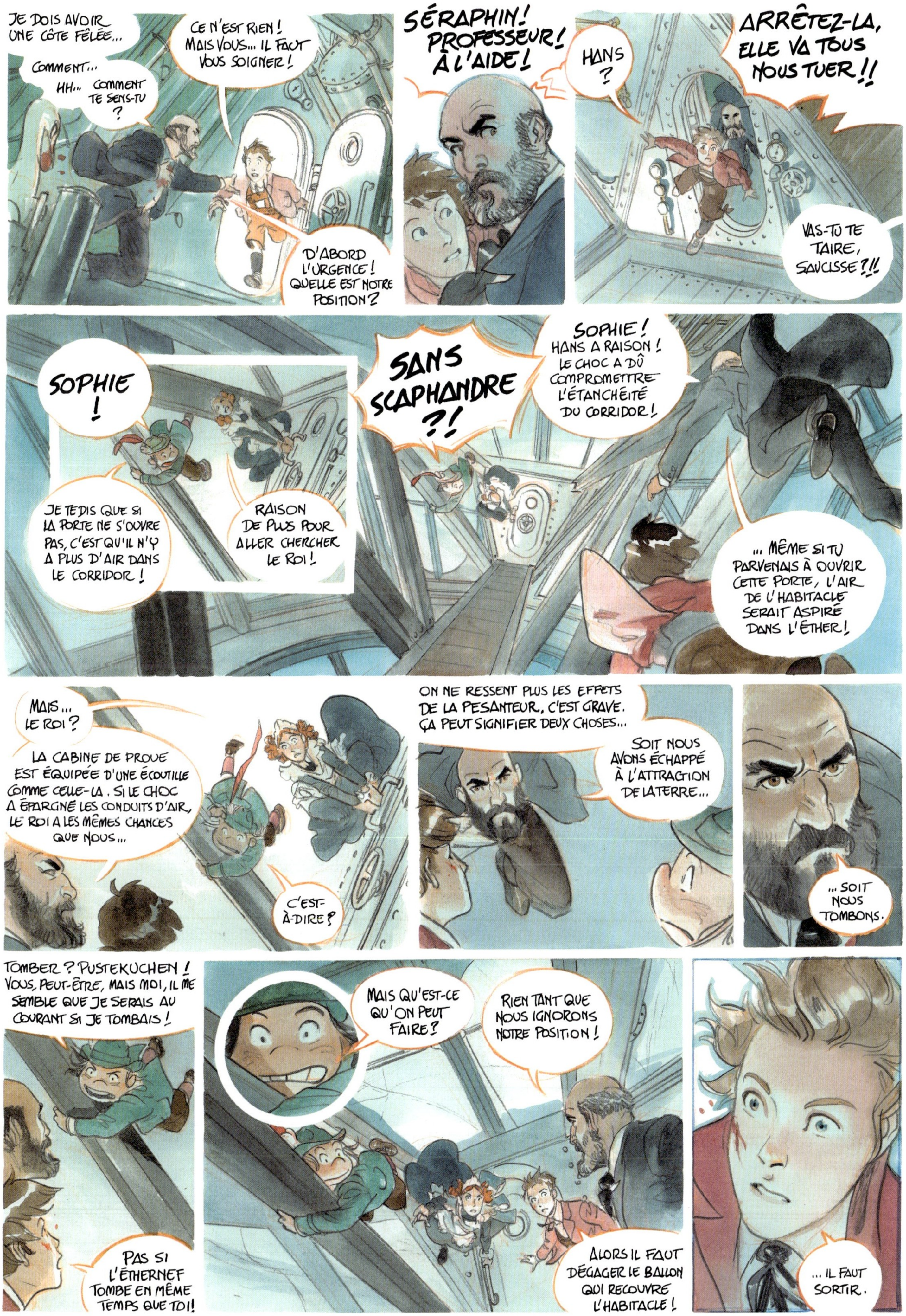
JE DOIS AVOIR UNE CÔTE FÊLÉE...
COMMENT... HH... COMMENT TE SENS-TU ?
CE N'EST RIEN ! MAIS VOUS... IL FAUT VOUS SOIGNER !
D'ABORD L'URGENCE ! QUELLE EST NOTRE POSITION ?
SÉRAPHIN ! PROFESSEUR ! À L'AIDE !
HANS ?
ARRÊTEZ-LA, ELLE VA TOUS NOUS TUER !!
VAS-TU TE TAIRE, SAUCISSE ?!!
SOPHIE !
JE TE DIS QUE SI LA PORTE NE S'OUVRE PAS, C'EST QU'IL N'Y A PLUS D'AIR DANS LE CORRIDOR !
RAISON DE PLUS POUR ALLER CHERCHER LE ROI !
SANS SCAPHANDRE ?!
SOPHIE ! HANS A RAISON ! LE CHOC A DÛ COMPROMETTRE L'ÉTANCHÉITÉ DU CORRIDOR !
... MÊME SI TU PARVENAIS À OUVRIR CETTE PORTE, L'AIR DE L'HABITACLE SERAIT ASPIRÉ DANS L'ÉTHER !
MAIS... LE ROI ?
LA CABINE DE PROUE EST ÉQUIPÉE D'UNE ÉCOUTILLE COMME CELLE-LA. SI LE CHOC A ÉPARGNÉ LES CONDUITS D'AIR, LE ROI A LES MÊMES CHANCES QUE NOUS...
C'EST-À-DIRE ?
ON NE RESSENT PLUS LES EFFETS DE LA PESANTEUR, C'EST GRAVE. ÇA PEUT SIGNIFIER DEUX CHOSES...
SOIT NOUS AVONS ÉCHAPPÉ À L'ATTRACTION DE LA TERRE...
... SOIT NOUS TOMBONS.
TOMBER ? PUSTEKUCHEN ! VOUS, PEUT-ÊTRE, MAIS MOI, IL ME SEMBLE QUE JE SERAIS AU COURANT SI JE TOMBAIS !
PAS SI L'ÉTHERNEF TOMBE EN MÊME TEMPS QUE TOI !
MAIS QU'EST-CE QU'ON PEUT FAIRE ?
RIEN TANT QUE NOUS IGNORONS NOTRE POSITION !
ALORS IL FAUT DÉGAGER LE BALLON QUI RECOUVRE L'HABITACLE !
... IL FAUT SORTIR.

DE L'AUTRE CÔTÉ DE CETTE PAROI, L'ÉTHER EST TON ENNEMI.
SES ARMES SONT L'AIR, LE FROID ET LE GIVRE.
POUR L'AIR, HANS ET SOPHIE VONT SE RELAYER À LA POMPE. TANT QUE TON SCAPHANDRE RESTE HERMÉTIQUE, TU N'AURAS PAS DE PROBLÈME POUR RESPIRER.
POUR LE FROID, LE THERMOMÈTRE EXTÉRIEUR A GELÉ. TU SAIS CE QUE ÇA VEUT DIRE... IL FAIT PLUS FROID DANS L'ÉTHER QUE N'IMPORTE OÙ SUR TERRE. TON SCAPHANDRE EST CHAUFFÉ, MAIS ÇA NE SUFFIRA PAS. TU VAS SENTIR LA MORSURE DU FROID, COMME DES CENTAINES D'AIGUILLES SUR TA PEAU. ÇA, C'EST QUAND TOUT VA BIEN.
DÈS L'INSTANT OÙ TU COMMENCES À NE PLUS SENTIR UN DOIGT, UNE MAIN, N'IMPORTE QUOI, TU REVIENS DANS LE SAS IMMÉDIATEMENT. TU COMPRENDS CE QUE JE TE DIS ?
ENFIN... IL EST IMPÉRATIF QUE TU GARDES TON CALME. SI TA RESPIRATION S'EMBALLE, LE SYSTÈME NE POURRA PAS ABSORBER LA VAPEUR D'EAU QUE TU EXHALES.
TU SERAS AVEUGLE. INCAPABLE DE REVENIR.
TU DOIS DONC RESTER PARFAITEMENT DÉTENDU.
CLAC !
C'EST COMPRIS ?

PROFESSEUR ! IL NOUS FAIT SIGNE !
QU'EST-CE QUI NE VA PAS ?!
ON DIRAIT ...
JE CROIS QU'IL VEUT QUE NOUS MONTIONS DANS LE SALON !
HANS ! MAINTIENS LA PRESSION !
J'AIMERAIS T'Y VOIR !
AH ! LE VOILÀ !
IL A RÉUSSI À DÉGAGER LE BALLON !
...
QU'EST-CE QUE C'EST ? QU'EST-CE QUE VOUS VOYEZ LÀ-HAUT ?

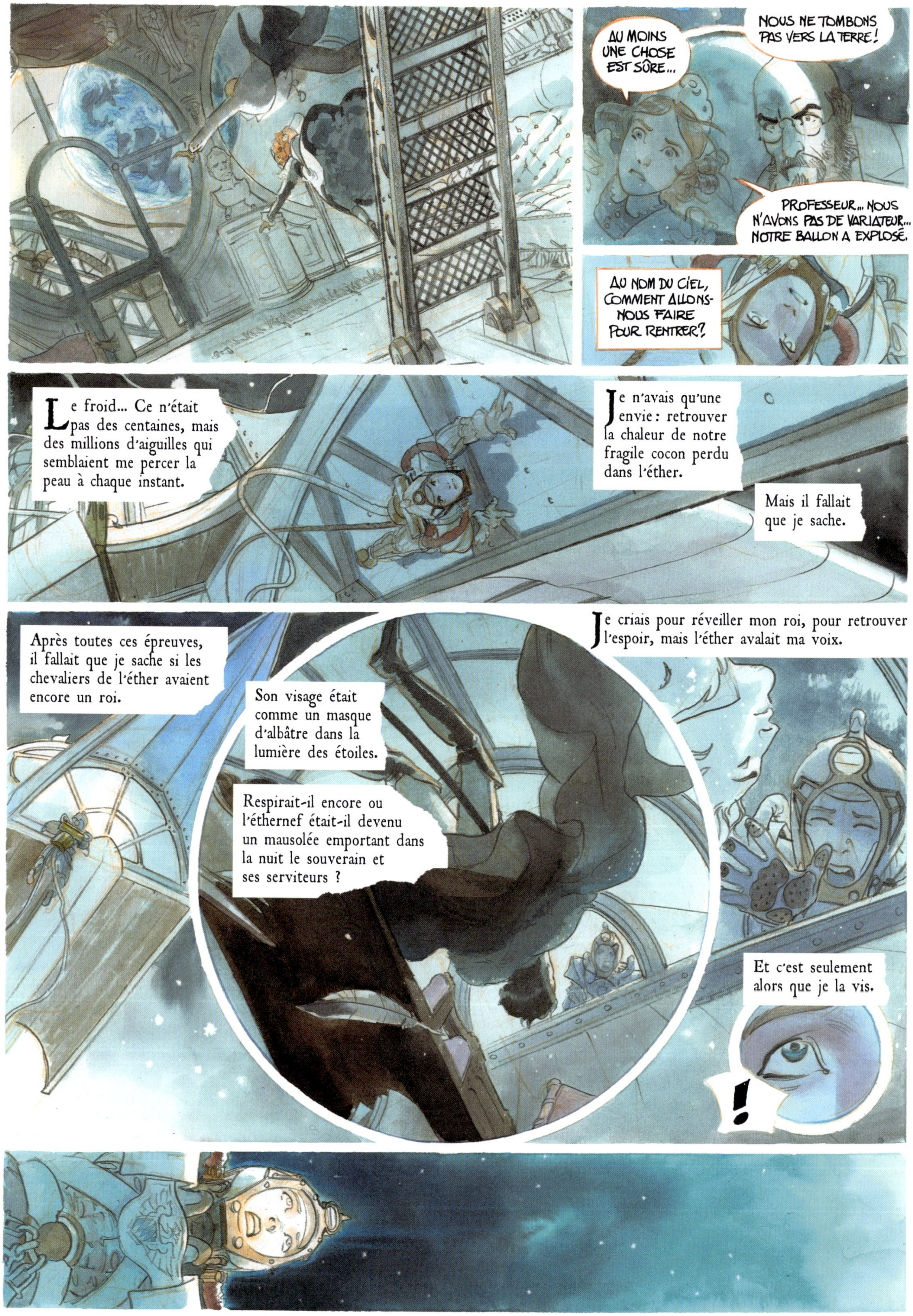
AU MOINS UNE CHOSE EST SÛRE...
NOUS NE TOMBONS PAS VERS LA TERRE !
PROFESSEUR... NOUS N'AVONS PAS DE VARIATEUR... NOTRE BALLON A EXPLOSÉ.
AU NOM DU CIEL, COMMENT ALLONS-NOUS FAIRE POUR RENTRER ?
Le froid... Ce n'était pas des centaines, mais des millions d'aiguilles qui semblaient me percer la peau à chaque instant.
Je n'avais qu'une envie : retrouver la chaleur de notre fragile cocon perdu dans l'éther.
Mais il fallait que je sache.
Après toutes ces épreuves, il fallait que je sache si les chevaliers de l'éther avaient encore un roi.
Son visage était comme un masque d'albâtre dans la lumière des étoiles.
Respirait-il encore ou l'éthernef était-il devenu un mausolée emportant dans la nuit le souverain et ses serviteurs ?
Je criais pour réveiller mon roi, pour retrouver l'espoir, mais l'éther avalait ma voix.
Et c'est seulement alors que je la vis.
!

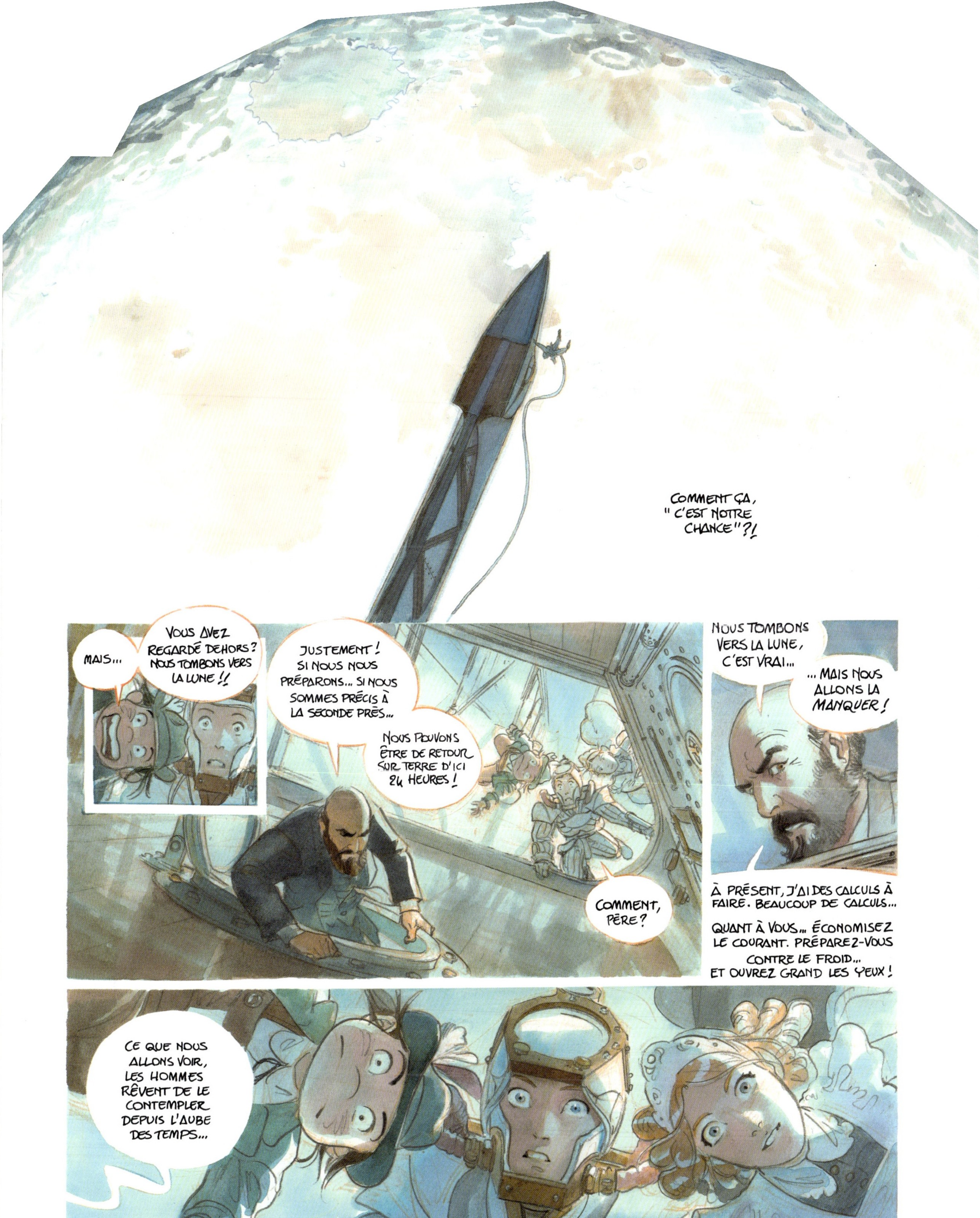
COMMENT ÇA, "C'EST NOTRE CHANCE"?!
MAIS...
VOUS AVEZ REGARDÉ DEHORS? NOUS TOMBONS VERS LA LUNE !!
JUSTEMENT ! SI NOUS NOUS PRÉPARONS... SI NOUS SOMMES PRÉCIS À LA SECONDE PRÈS...
NOUS POUVONS ÊTRE DE RETOUR SUR TERRE D'ICI 24 HEURES !
COMMENT, PÈRE?
NOUS TOMBONS VERS LA LUNE, C'EST VRAI...
... MAIS NOUS ALLONS LA MANQUER !
À PRÉSENT, J'AI DES CALCULS À FAIRE. BEAUCOUP DE CALCULS...
QUANT À VOUS... ÉCONOMISEZ LE COURANT. PRÉPAREZ-VOUS CONTRE LE FROID... ET OUVREZ GRAND LES YEUX !
CE QUE NOUS ALLONS VOIR, LES HOMMES RÊVENT DE LE CONTEMPLER DEPUIS L'AUBE DES TEMPS...

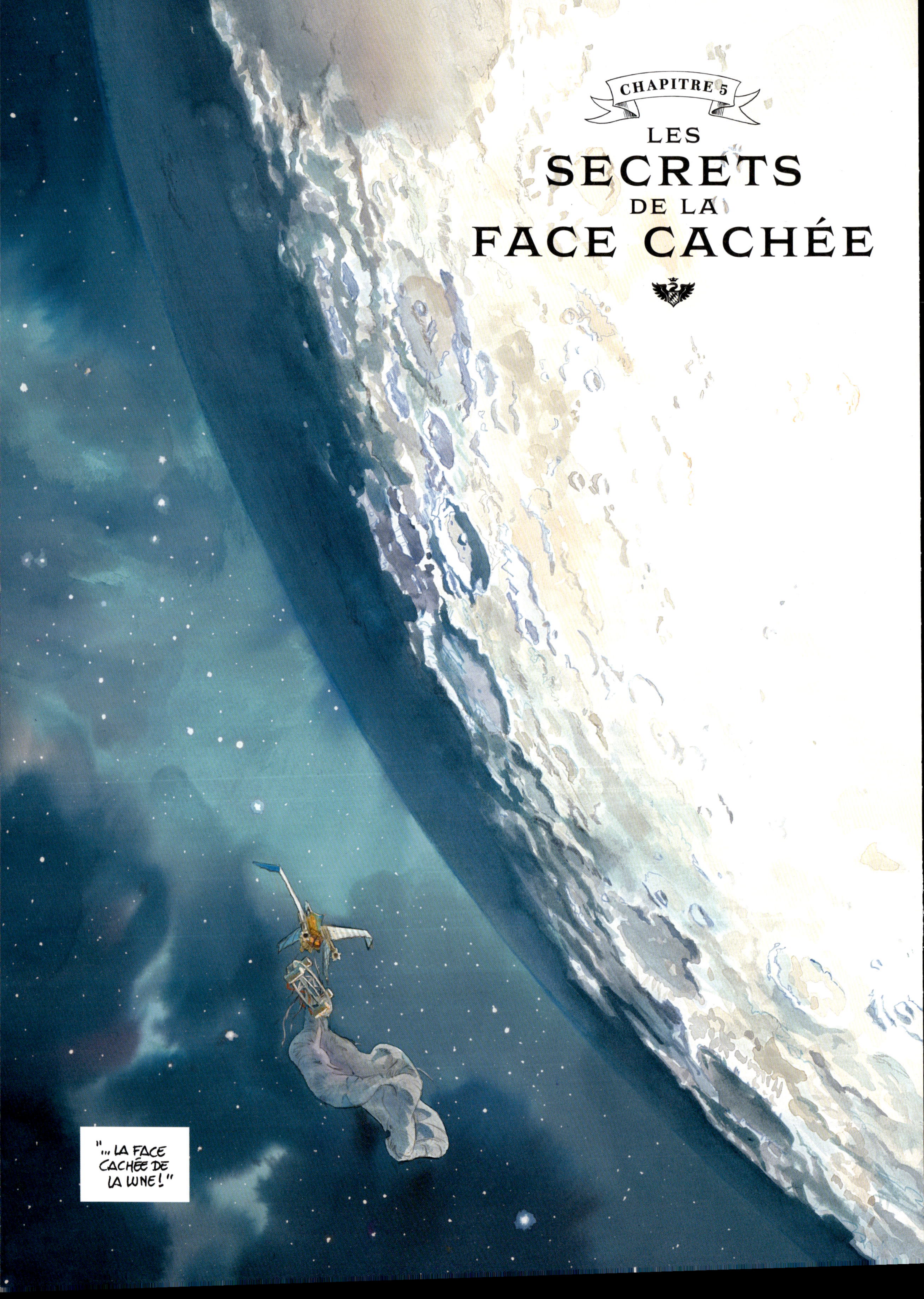
CHAPITRE 5
LES SECRETS DE LA FACE CACHÉE
"... LA FACE CACHÉE DE LA LUNE !"

COMMENT ÇA, "PAS DE BIÈRE" ?!
IL Y A DU VIN !
MAINTENANT, SI UN DE VOUS DEUX VEUT BIEN M'EXPLIQUER CE QU'EST UN "PIVOT GRAVITATIONNEL"... PARCE QUE JE N'AI RIEN COMPRIS AUX EXPLICATIONS DU PROFESSEUR !
QUEL GENRE DE BAVAROIS PRÉFÈRE LE VIN À LA BIÈRE ??
LE GENRE QUI PORTE UNE COURONNE, ET PAS UNE BÊTE CULOTTE DE PEAU ! SÉRAPHIN !
ON FONCE DROIT VERS LA LUNE ET JE NE VOIS PAS COMMENT ON PEUT FAIRE DEMI-TOUR SANS VARIATEUR !
HUM !
EH BIEN...
HANS ! METS-TOI LÀ, TU VEUX BIEN ?
EH !
SOPHIE ! EUH... POUSSE-MOI VERS LUI !
HEIN ?!
MAIS... AH BON ?
JE SUIS L'ÉTHERNEF, TU VOIS ? TOI, TU ES LA TERRE, ET HANS C'EST LA LUNE...
SI JE VEUX REVENIR VERS TOI TOUT SEUL, IL ME FAUT UNE FORCE SUPÉRIEURE À CELLE QUE TU M'AS DONNÉE AU DÉPART.
EN PLUS, ON NE PEUT PAS MANŒUVRER SANS VARIATEUR : BREF, IL NOUS FAUT DE L'AIDE !
HANS !
ET VOILÀ !
AVEC UN POINT D'APPUI, JE FAIS DEMI-TOUR SANS EFFORT !
MAIS... L'ÉTHERNEF NE VA PAS DONNER LA MAIN À LA LUNE !
NON, C'EST LA GRAVITÉ DE LA LUNE QUI VA NOUS "ACCROCHER" ET NOUS PERMETTRE DE FAIRE LE TOUR ! EN QUINZE HEURES, D'APRÈS MON PÈRE !
APRÈS ÇA, UNE PICHENETTE DEVRAIT NOUS RAMENER VERS LA TERRE !
TU PARLES D'UNE PICHENETTE !
SANS VARIATEUR, IL VA FALLOIR SACRÉMENT BIEN VISER POUR NE PAS SE RETROUVER À FAIRE DU TOURISME AU CŒUR DU SOLEIL !
C'EST BON, J'AI COMPRIS !
!

SOPHIE?! OÙ VAS-TU?
QUINZE HEURES DERRIÈRE LA LUNE! PAS ÉTONNANT QUE TON PÈRE NOUS AIT DEMANDÉ DE LUTTER CONTRE LE FROID! PAS DE SOLEIL, PAS DE CHALEUR!
MAIS MAIS... QU'EST-CE QUE TU FABRIQUES?!
JE VAIS CHERCHER LE ROI!
HEIN?!
IL Y A UN SCAPHANDRE À SA TAILLE, NON?
MAIS SOPHIE... IL N'Y A PAS DE SAS À L'AVANT! TU NE POURRAS PAS OUVRIR LA CABINE DU ROI SANS VIDER TOUT L'AIR!
... JE POURRAI AU MOINS LE PRÉVENIR!
OUSTE! TU VOIS BIEN QUE JE ME CHANGE!
J'AI ESSAYÉ, SOPHIE. IL EST INCONSCIENT.
PEUT-ÊTRE MÊME...
SOPHIE, IL FAUT FAIRE CONFIANCE À L'ÉTHERNEF. COMME DIT MON PÈRE... SI LES SYSTÈMES DE SURVIE FONCTIONNENT...
LE ROI A AUTANT DE CHANCES QUE NOUS.
NOUS SURVOLONS LA LIGNE TERMINALE...
AVEZ-VOUS DÉJÀ VU UNE ÉCLIPSE?
LE VENT. LE FROID SOUDAIN. LES TÉNÈBRES.
C'EST QUAND LE SOLEIL DISPARAÎT QU'ON RÉALISE LE MIEUX SA PUISSANCE...
TAC TAC TAC TA

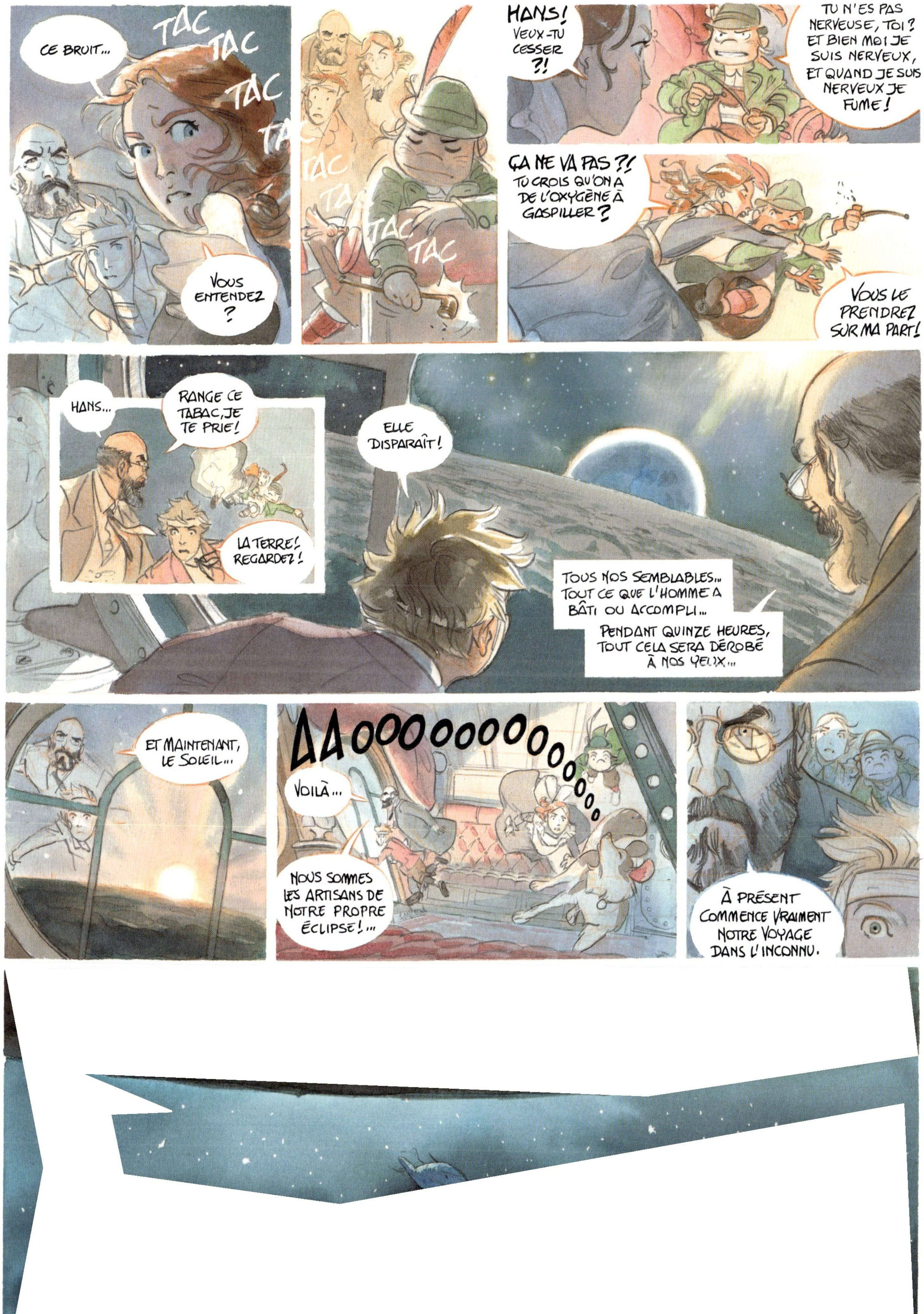
CE BRUIT...
TAC TAC TAC TAC
VOUS ENTENDEZ ?
TAC TAC TAC TAC
HANS ! VEUX-TU CESSER ?!
TU N'ES PAS NERVEUSE, TOI ? ET BIEN MOI JE SUIS NERVEUX, ET QUAND JE SUIS NERVEUX JE FUME !
ÇA NE VA PAS ?! TU CROIS QU'ON A DE L'OXYGÈNE À GASPILLER ?
VOUS LE PRENDREZ SUR MA PART !
HANS...
RANGE CE TABAC, JE TE PRIE !
LA TERRE ! REGARDEZ !
ELLE DISPARAÎT !
TOUS NOS SEMBLABLES... TOUT CE QUE L'HOMME A BÂTI OU ACCOMPLI...
PENDANT QUINZE HEURES, TOUT CELA SERA DÉROBÉ À NOS YEUX...
ET MAINTENANT, LE SOLEIL...
AAOOOOOOOOOOOOOOO
VOILÀ...
NOUS SOMMES LES ARTISANS DE NOTRE PROPRE ÉCLIPSE !...
À PRÉSENT COMMENCE VRAIMENT NOTRE VOYAGE DANS L'INCONNU.

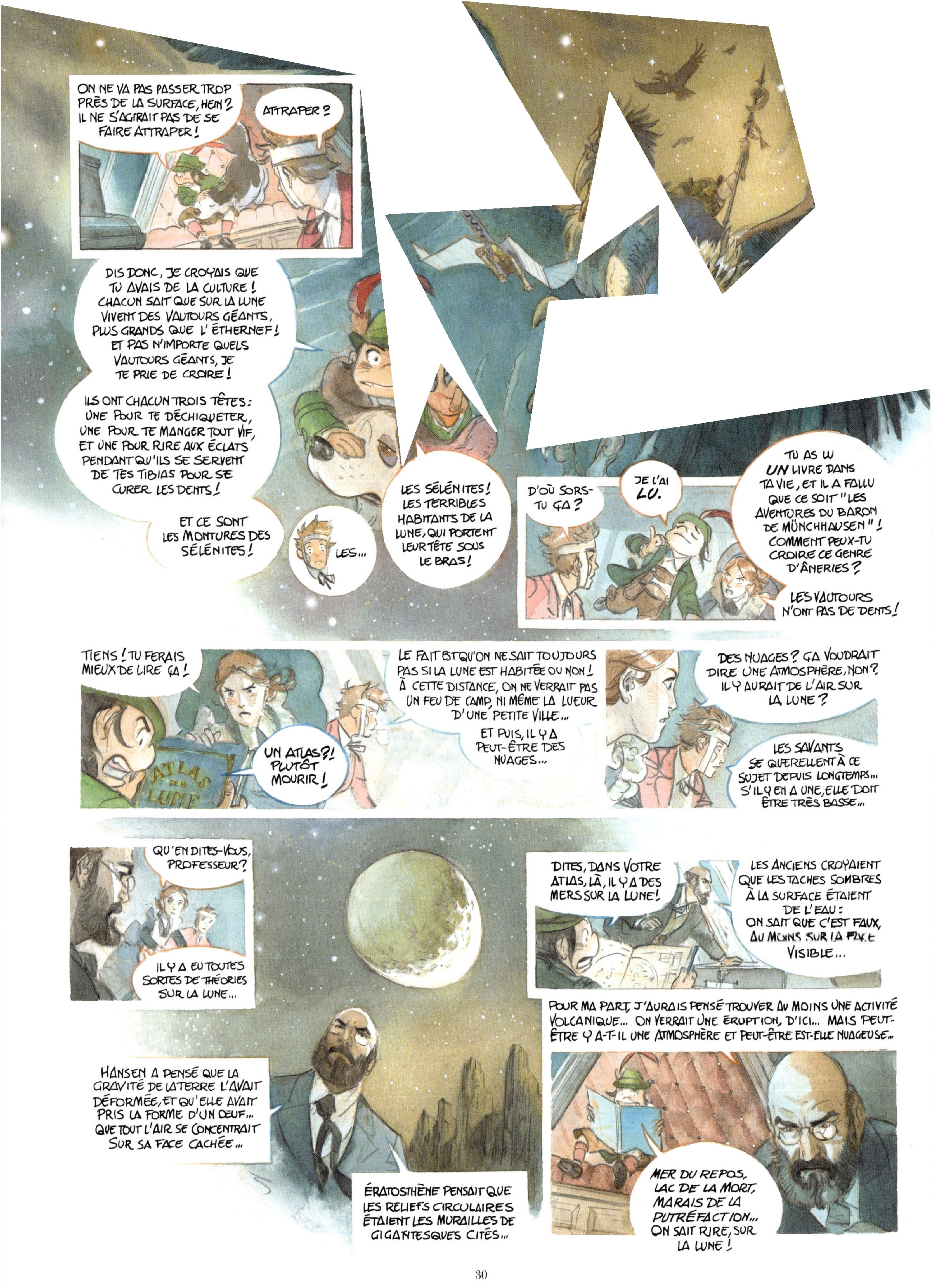

ON NE VA PAS PASSER TROP PRÈS DE LA SURFACE, HEIN ? IL NE S'AGIRAIT PAS DE SE FAIRE ATTRAPER !
ATTRAPER ?
DIS DONC, JE CROYAIS QUE TU AVAIS DE LA CULTURE ! CHACUN SAIT QUE SUR LA LUNE VIVENT DES VAUTOURS GÉANTS, PLUS GRANDS QUE L'ÉTHERNEF ! ET PAS N'IMPORTE QUELS VAUTOURS GÉANTS, JE TE PRIE DE CROIRE !
ILS ONT CHACUN TROIS TÊTES : UNE POUR TE DÉCHIQUETER, UNE POUR TE MANGER TOUT VIF, ET UNE POUR RIRE AUX ÉCLATS PENDANT QU'ILS SE SERVENT DE TES TIBIAS POUR SE CURER LES DENTS !
ET CE SONT LES MONTURES DES SÉLÉNITES !
LES...
LES SÉLÉNITES ! LES TERRIBLES HABITANTS DE LA LUNE, QUI PORTENT LEUR TÊTE SOUS LE BRAS !
D'OÙ SORS-TU ÇA ?
JE L'AI LU.
TU AS LU UN LIVRE DANS TA VIE, ET IL A FALLU QUE CE SOIT "LES AVENTURES DU BARON DE MÜNCHHAUSEN" ! COMMENT PEUX-TU CROIRE CE GENRE D'ÂNERIES ?
LES VAUTOURS N'ONT PAS DE DENTS !
TIENS ! TU FERAIS MIEUX DE LIRE ÇA !
ATLAS DE LA LUNE
UN ATLAS ?! PLUTÔT MOURIR !
LE FAIT EST QU'ON NE SAIT TOUJOURS PAS SI LA LUNE EST HABITÉE OU NON ! À CETTE DISTANCE, ON NE VERRAIT PAS UN FEU DE CAMP, NI MÊME LA LUEUR D'UNE PETITE VILLE...
ET PUIS, IL Y A PEUT-ÊTRE DES NUAGES...
DES NUAGES ? ÇA VOUDRAIT DIRE UNE ATMOSPHÈRE, NON ? IL Y AURAIT DE L'AIR SUR LA LUNE ?
LES SAVANTS SE QUERELLENT À CE SUJET DEPUIS LONGTEMPS... S'IL Y EN A UNE, ELLE DOIT ÊTRE TRÈS BASSE...
QU'EN DITES-VOUS, PROFESSEUR ?
IL Y A EU TOUTES SORTES DE THÉORIES SUR LA LUNE...
HANSEN A PENSÉ QUE LA GRAVITÉ DE LA TERRE L'AVAIT DÉFORMÉE, ET QU'ELLE AVAIT PRIS LA FORME D'UN ŒUF... QUE TOUT L'AIR SE CONCENTRAIT SUR SA FACE CACHÉE...
ÉRATOSTHÈNE PENSAIT QUE LES RELIEFS CIRCULAIRES ÉTAIENT LES MURAILLES DE GIGANTESQUES CITÉS...
DITES, DANS VOTRE ATLAS, LÀ, IL Y A DES MERS SUR LA LUNE !
LES ANCIENS CROYAIENT QUE LES TACHES SOMBRES À LA SURFACE ÉTAIENT DE L'EAU : ON SAIT QUE C'EST FAUX, AU MOINS SUR LA FACE VISIBLE...
POUR MA PART, J'AURAIS PENSÉ TROUVER AU MOINS UNE ACTIVITÉ VOLCANIQUE... ON VERRAIT UNE ÉRUPTION, D'ICI... MAIS PEUT-ÊTRE Y A-T-IL UNE ATMOSPHÈRE ET PEUT-ÊTRE EST-ELLE NUAGEUSE...
MER DU REPOS, LAC DE LA MORT, MARAIS DE LA PUTRÉFACTION... ON SAIT RIRE, SUR LA LUNE !

MALHEUREUSEMENT, NOUS N'EN APPRENDRONS PAS DAVANTAGE PENDANT CE VOYAGE ...
IL FAUDRAIT REVENIR QUAND LA LUNE EST NOUVELLE SUR TERRE ET QUE LE SOLEIL BRILLE SUR LA FACE CACHÉE ...
SAUF VOTRE RESPECT, PROFESSEUR, CE SERA SANS MOI !
Montagnes et cratères d'une hauteur invraisemblable déchiraient la nuit partout où portait le regard.
Parfois, fugace, un éclair de lumière pâle. Reflet des étoiles sur de la glace ? Sur un lac ? Simple météore ou illusion d'optique ?
Le saurions-nous jamais ?
HANS ! RÉVEILLE-TOI !
MMM ?
11H... IL FAUT SE PRÉPARER À MANŒUVRER !
SÉRAPHIN, AU POSTE DE PILOTAGE ! JE SERAI DANS LE DÔME D'OBSERVATION ! ATTACHEZ-VOUS BIEN, MÊME LE CHIEN !
SOPHIE, HANS : VOUS CONNAISSEZ VOTRE RÔLE. PAS D'ERREUR SUR L'ANGLE DES MOTEURS, SINON...
DU TOURISME SUR LE SOLEIL !
ÉCOUTEZ-MOI BIEN, LES ENFANTS... SANS VARIATEUR, NOUS DEVONS COMPTER SUR LE PEU D'ÉLECTRICITÉ RESTANT DANS LES BATTERIES POUR ALIMENTER LES MOTEURS.
NOUS N'AURONS PAS DE SECONDE CHANCE !
PRÊTS ?
PÈRE !
J'AI L'IMPRESSION QUE NOTRE ALTITUDE BAISSE !
TU AS RAISON !
ET CE N'EST PAS TOUT ! NOUS AVONS LÉGÈREMENT CHANGÉ DE CAP !
HEIN ?! MAIS COMMENT ?!
JE L'IGNORE ! MAIS PUISQUE NOUS N'AVONS PAS MIS EN MARCHE LES MOTEURS, C'EST QUE ÇA VIENT D'UNE FORCE EXTÉRIEURE !
COMME UN AIMANT ?
L'ÉTHERNEF EST EN ALUMINIUM, IL ÉCHAPPE AU MAGNÉTISME... NON, JE PENCHERAIS POUR UN SURCROÎT DE GRAVITÉ...
REGARDEZ !!

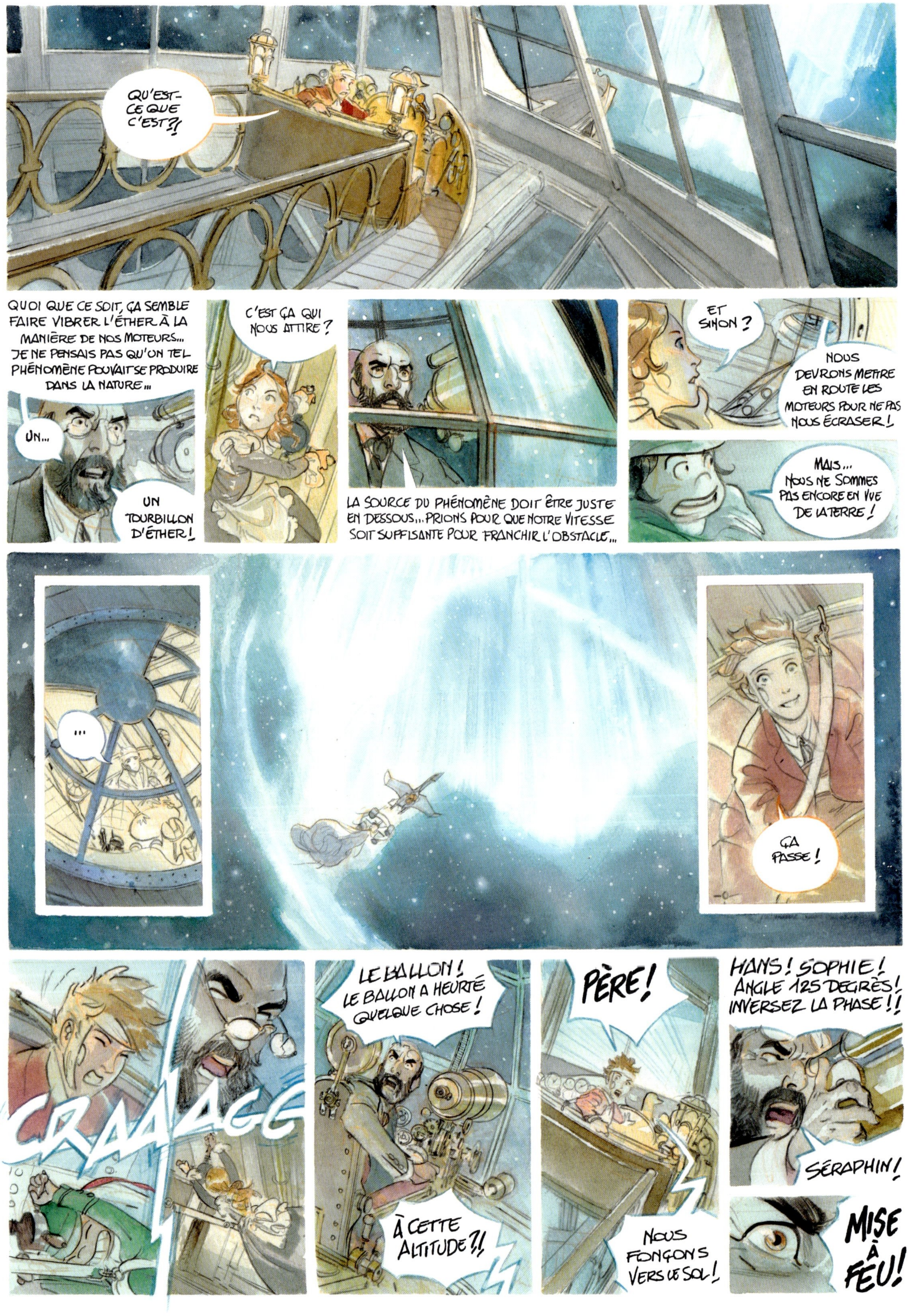
QU'EST-CE QUE C'EST ?!
QUOI QUE CE SOIT, ÇA SEMBLE FAIRE VIBRER L'ÉTHER À LA MANIÈRE DE NOS MOTEURS... JE NE PENSAIS PAS QU'UN TEL PHÉNOMÈNE POUVAIT SE PRODUIRE DANS LA NATURE...
UN...
UN TOURBILLON D'ÉTHER !
C'EST ÇA QUI NOUS ATTIRE ?
LA SOURCE DU PHÉNOMÈNE DOIT ÊTRE JUSTE EN DESSOUS... PRIONS POUR QUE NOTRE VITESSE SOIT SUFFISANTE POUR FRANCHIR L'OBSTACLE...
ET SIMON ?
NOUS DEVRONS METTRE EN ROUTE LES MOTEURS POUR NE PAS NOUS ÉCRASER !
MAIS... NOUS NE SOMMES PAS ENCORE EN VUE DE LA TERRE !
...
ÇA PASSE !
CRAAAACC
LE BALLON ! LE BALLON A HEURTÉ QUELQUE CHOSE !
À CETTE ALTITUDE ?!
PÈRE !
NOUS FONÇONS VERS LE SOL !
HANS ! SOPHIE ! ANGLE 125 DEGRÉS ! INVERSEZ LA PHASE !!
SÉRAPHIN !
MISE À FEU !

RELEVEZ LES AILES!
SORTEZ LES PATINS D'ATTERRISSAGE!!

SSSSHHHHHHHHHHHHHHHH
CE SIFFLEMENT ...
L'HABITACLE EST FISSURÉ !
PAS D'ATMOSPHÈRE DEHORS, NOUS PERDONS L'AIR DE LA CABINE !
TOUS DANS LA SALLE DES MACHINES !
CLAC !
FFF... FROID !
LE CHAUFFAGE EST HORS SERVICE !
METTONS LES SCAPHANDRES, ILS NOUS TIENDRONT CHAUD JUSQU'AU JOUR !
PROFESSEUR... LE SOLEIL SE LÈVE AUSSI SUR LA FACE CACHÉE, N'EST-CE PAS ?
PROFESSEUR ?
NOS BATTERIES SONT VIDES.
WOOF WOOF WOOF
MAIS... PÈRE...
SANS ÉLECTRICITÉ, EST-CE QUE LE RENOUVELLEMENT DE L'AIR VA FONCTIONNER ?
WOOF WOOF WOOF
WOOF WOOF
HANS ! VEUX-TU CALMER CE CHIEN ?!
IL N'Y A RIEN À FAIRE : IL EST TOUJOURS COMME UN FOU QUAND IL VOIT DE LA NEIGE !
ÇA NE PEUT PAS ÊTRE DE LA NEIGE : IL N'Y A PAS D'ATMOSPHÈRE !
BEN C'EST BLANC, C'EST GLACÉ, QUE VOULEZ-VOUS QUE CE SOIT ?
... ENFILEZ VOS SCAPHANDRES, LES ENFANTS...
ET ÉCONOMISEZ VOTRE SOUFFLE !
... IL FAUT TENIR JUSQU'À L'ARRIVÉE DU JOUR !

354 heures... L'équivalent de quatorze jours terrestres : c'est la durée de la nuit lunaire.
Et même sur la face cachée, les ténèbres ne sont pas éternelles.
Pics, pitons, falaises et cirques rocheux apparurent un à un. Le soleil sculptait le néant de son ciseau de lumière...
Ce qui suivit, bien sûr, relève des inexorables lois de la physique de l'éther.
Mais quiconque en aurait été le témoin sans posséder le solide bagage scientifique du XIXe siècle aurait pu croire à un miracle...
Sous le coup des rayons du soleil, la neige qui n'était pas de la neige s'évanouit... Sublimée, ravie par le ciel...
Et les vapeurs ainsi libérées emplirent les cratères et les plaines jusqu'à ce que de l'horizon se hisse un voile bleuté, dérobant au regard la nuit pudique, tandis qu'au zénith resplendissait encore son diadème étoilé.
L'atmosphère prédite par les astronomes Schröter et Laussedat naissait avec l'aube. Dans 354 heures, elle retomberait au sol comme de la neige, pour y rester gelée pendant quatorze jours de nuit...
Ainsi les tenants et les opposants à l'idée d'une atmosphère lunaire étaient-ils tous pour moitié dans le vrai...
Mais il s'en fallut de peu pour que nous n'ayons jamais l'occasion de les réconcilier.

...
BON DIEU DE BOIS, QUELQU'UN A OUVERT L'ÉCOUTILLE !
OÙ ALLEZ-VOUS ? VOUS ÊTES SÛRS QUE C'EST SANS DANGER ?
DANGER OU PAS, ON N'A PLUS LE CHOIX !
RARÉFIÉ, MAIS RESPIRABLE... COMME L'AIR DES MONTAGNES ...
INSPIREZ, HANS, SOPHIE, SÉRAPHIN...
... L'AIR DE LA LUNE !

LE ROI !
SA CABINE EST VIDE !
C'EST LUI QUI A OUVERT LES ÉCOUTILLES ?
IL NOUS A SAUVÉS !
OÙ EST-IL ?
FALSTAFF !
QUEL BOND !
C'EST LA GRAVITÉ LUNAIRE : TOUT PÈSE SIX FOIS MOINS, ICI !
SOPHIE !
QU'EST-CE QUE TU FAIS ?!
JE VAIS REJOINDRE LE ROI !
PARDI !
ATTENDS-MOI !
NON.
JE NE SUIS PAS EN ÉTAT DE MARCHER... ET VOUS NE POUVEZ PAS Y ALLER SEULS !
MAIS LE ROI EST SEUL, LUI !
ÉCOUTEZ-MOI, LES ENFANTS... PERSONNE N'A PLUS ENVIE QUE MOI DE DÉCOUVRIR CE QUI SE CACHE DERRIÈRE CES MONTAGNES, SOUS LE TOURBILLON D'ÉTHER... SI LE ROI REVIENT, IL NOUS DIRA CE QU'IL EN EST !
ET S'IL NE REVIENT PAS ?
ALORS IL EST HORS DE QUESTION QUE VOUS COURIEZ LE MÊME RISQUE QUE LUI.

JE NE LE VOIS PAS ! IL EST DÉJÀ DANS LES MONTAGNES...
SÉRAPHIN ! SOPHIE ! ALLONS, NOUS AVONS 350 HEURES POUR REMETTRE CET ENGIN EN ÉTAT DE VOLER !
MAIS PROFESSEUR, COMMENT ALLONS-NOUS FAIRE, SANS BALLON ET SANS VARIATEUR ?
LE BALLON, CE N'EST QUE DE LA TOILE ! NOUS POUVONS LE RÉPARER, ET NOUS AVONS ENCORE DES RÉSERVES D'HYDROGÈNE. QUANT AU VARIATEUR...
NOUS SOMMES LES CONQUÉRANTS DE L'ÉTHER, N'EST-CE PAS ?
RASSEMBLEZ SOUS L'AILE DROITE TOUS LES COMPOSANTS ÉLECTRIQUES QUE VOUS TROUVEREZ. NOUS SOMMES PARVENUS JUSQU'ICI, C'EST BIEN LE DIABLE SI NOUS NE PARVENONS PAS À EN REPARTIR !
AH !
LÀ-BAS ! REGARDEZ !
ÇA ALORS ! UN VÉLOCIPÈDE !
VOUS VOYEZ BIEN QU'IL Y A UNE VIE INTELLIGENTE SUR LA LUNE !
PAS LA TIENNE, EN TOUT CAS !
C'EST TON PROTOTYPE, HANS ! IL A DÛ RESTER ACCROCHÉ AU BASTINGAGE DEPUIS LE DÉCOLLAGE !
QU'AS-TU TROUVÉ LÀ, BONHOMME ?
QU'EST-CE QUE C'EST QUE ÇA ?!
OH ! UN COQUILLAGE !
UN FOSSILE !
ALORS NOUS SOMMES BIEN AU FOND D'UNE ANCIENNE MER, OÙ LA VIE EST NÉE ET A DISPARU...
NÉE, D'ACCORD...
...MAIS QUI VOUS DIT QU'ELLE A DISPARU ?
Seize heures de travail, huit heures de repos : c'est ainsi que nous allions diviser l'interminable jour lunaire en quatorze jours terrestres.
La première journée fut consacrée à l'établissement du camp à l'ombre de notre grand oiseau blanc.
Sous l'aile, le laboratoire et une couchette pour mon père.
À la poupe, les quartiers de l'équipage qui s'apprêtait, épuisé, à passer sa première nuit sur la Lune...

DONNERWETTER, CE N'EST PAS CE QUE J'APPELLE UNE NUIT !
SI ENCORE ON VOYAIT LA TERRE, OU MÊME UN CROISSANT DE TERRE !
SI ON POUVAIT VOIR LA TERRE, ON NE SERAIT PAS SUR LA FACE CACHÉE, BOURRICOT !
MADEMOISELLE EST SPÉCIALISTE EN ASTRONOMIE, MAINTENANT ?
À QUOI ÇA SERT, JE TE LE DEMANDE, DE FAIRE DES SCIENCES POUR UNE FEMME ? DE CHAMBRE, QUI PLUS EST ?
A-T-ON DÉJÀ VU UNE FILLE FAIRE DES ÉTUDES ?
D'OÙ SORS-TU CE BONNET ?
COMME JE DIS TOUJOURS : CHACUN SA PLACE, ET LES COCHONS SERONT BIEN GARDÉS !
TU EN FAIS UN BEAU, DE COCHON !
REGARDE UN PEU DEHORS ! TU CROIS QUE LE MONDE SERA LE MÊME QUAND ON REVIENDRA ? LA BAVIÈRE EST LA PREMIÈRE NATION DANS L'ESPACE, ET NOUS SOMMES LES PREMIERS ÉTHERNAUTES ! TU CROIS QUE LE ROI VA NOUS LAISSER SOUBRETTE ET VAGUE ASSISTANT-BRICOLEUR ?
DIS-DONC ! MOI, CONSTRUIRE DES MAQUETTES ET DES SONDES, ÇA ME VA TRÈS BIEN !
NE FAIS PAS ATTENTION, SÉRAPHIN !
SI ELLE EST AUSSI AMBITIEUSE, C'EST PARCE QU'ELLE EST AMOUREUSE DU R...
DIS !
SILENCE ! TU VAS RÉVEILLER LE PROFESSEUR !
QU'EST-CE QUE C'EST QUE CE PYJAMA ?
TU PARS CHERCHER LE ROI !
BIEN SÛR ! JE SUIS UN CHEVALIER DE L'ÉTHER !
VOUS VENEZ ?
MAIS... MON PÈRE !
TON PÈRE, TON PÈRE... QUEL ÂGE AS-TU ?
SOPHIE ! ATTENDS !!

VOUS ÊTES FOUS ! ON N'EST MÊME PAS ARMÉS !
GOTTVERDAMMT, HANS ! PUISQUE JE TE DIS QU'IL N'Y A PAS DE VAUTOURS GÉANTS !
AH NON ?! ALORS TU PEUX ME DIRE CE QUI A ACCROCHÉ NOTRE BALLON À DES MILLIERS DE MÈTRES D'ALTITUDE ?
ÇA, ON NE LE SAURA QUE SI ON FRANCHIT CES MONTAGNES ...
LES TRACES DISPARAISSENT !
CHERCHE, FALSTAFF !
ÇA VA, SÉRAPHIN ? MOI AUSSI J'AI MAL À LA TÊTE !
VENEZ VOIR LÀ !
J'AI L'IMPRESSION QUE L'ATMOSPHÈRE NE MONTE PAS ASSEZ HAUT. ON NE VA PAS POUVOIR ATTEINDRE LE COL !
OÙ EST PASSÉ TON CHIEN ?
FALSTAFF ?

ICI MON TOUTOU...
!
EEEH!!
EH BIEN, TU NE TIENS PLUS DEBOUT?
JE NE SAIS PAS CE QUI...
?!!
ON DIRAIT DE LA GLACE... OU UN CRISTAL COMPLÈTEMENT INVISIBLE!
AUCUNE DIFFRACTION, COMME...
...COMME L'ÉTHER!
?!
MAJESTÉ?
JADIS, LES HOMMES DU NORD CROYAIENT QU'UN PASSAGE RELIAIT LA TERRE À L'AU-DELÀ...
UN PONT INVISIBLE AUX MORTELS, SAUF CERTAINS SOIRS...
QUAND LES WALKYRIES EMPORTAIENT LES ÂMES DES BRAVES VERS LE SÉJOUR DES DIEUX, LEURS ARMURES ÉTINCELAIENT DANS LA NUIT COMME UNE AURORE...
COMME LA LUMIÈRE QUI NOUS A CONDUITS ICI...
FALSTAFF !

AU SEUIL D'UN AUTRE MONDE !...
CES GALERIES S'ÉTENDENT À L'INFINI DANS TOUTES LES DIRECTIONS... L'UNE D'ENTRE ELLES DOIT MENER AU-DELÀ DES MONTAGNES, VERS LE CŒUR DU MYSTÈRE ...
LE CHÂTEAU DES ÉTOILES !
UN...
UN CHÂTEAU, MAJESTÉ ?
UNE CONSTRUCTION, OUI...
PENDANT MON SOMMEIL DANS L'ÉTHER, J'EN AI RÊVÉ...
J'EN ÉTAIS SÛR ! LES SÉLÉNITES !
MAIS... VOUS NE PENSEZ PAS QUE CES GROTTES POURRAIENT ÊTRE NATURELLES ?
MAJESTÉ ?
...
VIENS, SERAPHIN ! IL FAUT RENTRER À L'ÉTHERNEF, TON PÈRE VA SE RÉVEILLER !...
TU AS RAISON !
EMPORTONS TOUS LES CRISTAUX QUE NOUS POUVONS. IL SERA FOU DE JOIE EN VOYANT CE QUE NOUS AVONS DÉCOUVERT ICI !
SLAP
CETTE FOIS LA CHANCE A ÉTÉ DE TON CÔTÉ...
...MAIS TU NE DÉSOBÉIRAS PLUS JAMAIS QUAND TA SÉCURITÉ EST EN JEU, C'EST COMPRIS ?

ÇA SUFFIT.
DE QUOI VOUS MÊLEZ-VOUS ?!
SÉRAPHIN EST MON FILS, PAS UN DE VOS SUJETS !
C'EST VOTRE FILS, MAIS CETTE SOIF QUI L'A CONDUIT JUSQU'ICI... CE SANG QUI BRÛLE DANS SES VEINES ...
C'EST LE SANG DE SA MÈRE !
JE VOUS DÉFENDS DE PARLER DE CLAIRE !
C'EST POURTANT GRÂCE À ELLE QUE NOUS SOMMES ARRIVÉS JUSQU'ICI !
"GRÂCE" !... N'AVEZ-VOUS DONC RIEN SAISI DE LA SITUATION ?!
NOUS SOMMES À 400 000 KM DE LA TERRE, NOTRE BALLON A ÉCLATÉ ET NOS MOTEURS SONT HORS D'USAGE !
MAIS, PROFESSEUR... REGARDEZ CE QUE LE ROI A DÉCOUVERT !
CETTE MATIÈRE POURRA PEUT-ÊTRE NOUS DISPENSER DE BALLON, MAIS PAS DE VARIATEUR ! À QUOI BON CETTE DÉCOUVERTE SI NOUS NE TROUVONS PAS LE MOYEN DE RENTRER SUR TERRE AVANT LA NUIT ?
À PORTÉE DE MAIN SE PRÉSENTENT DES MERVEILLES DONT VOUS N'AURIEZ JAMAIS OSÉ RÊVER, ET VOUS NE PENSEZ QU'À RENTRER CHEZ VOUS...
EXPLOREZ, MAJESTÉ... PERDEZ-VOUS SI ÇA VOUS CHANTE...
... MAIS SANS MON FILS !
QUANT À VOUS, HANS, SOPHIE...
JE N'AI PAS AUTORITÉ SUR VOUS...
... MAIS VOS PARENTS AUSSI S'INQUIÈTENT POUR VOUS.

Malgré sa colère, mon père n'était pas aveugle à l'attrait de l'étrange substance découverte dans la grotte.
Il la nomma "éthérite", ou cristal d'éther. Mais sa véritable nature demeurait un mystère...
Tout ce qu'on savait, c'est qu'il suffisait de la charger en électricité pour chambouler la gravité alentour.
Après quatre jours d'étude, mon père décida de profiter de cet avantage. Nous répartîmes les cristaux à l'intérieur de l'éthernef.
Prudemment, nous les chargeâmes d'électricité à l'aide des batteries des scaphandres.
Heureusement qu'on l'avait bien lesté, sans quoi il se serait envolé sans nous : il ne pesait plus rien !
Ça ne nous rendait pas nos moteurs, mais nous pourrions désormais nous passer de ballon...
Seulement, il fallait être prudent, sans quoi on pouvait se retrouver projeté dans les airs en un clin d'œil !
C'est sûr que sur Terre, on aurait fait du bruit rien qu'avec cette découverte...
Mais nous n'étions pas sur Terre, et pas près d'y retourner : on pouvait bien s'envoler dans les airs tant qu'on voulait, sans variateur on n'avait toujours pas le contrôle des moteurs !
Au bout d'une semaine, il était midi sur la Lune. Hans arrivait à faire cuire ses œufs sur le pont de l'appareil, et la température continuait à monter.
FFSHHHH
Nous décidâmes de rapprocher l'appareil des montagnes : au moins il y serait à l'ombre, et nous pourrions passer la nuit dans la fraîcheur des grottes.
Ce serait aussi plus commode pour ravitailler le roi, qui poursuivait seul son exploration...

Enfin, je commençais à prendre conscience de l'immensité de la Lune. Si c'était une île dans l'océan du ciel, cette île avait la taille d'un continent…
Même en trouvant le moyen d'y survivre pendant la nuit, quelles chances avaient deux naufragés, arrivés à un an d'écart, de s'y retrouver ?
Lentement, le soleil descendait vers l'horizon. La température devint plus supportable. Mais le réconfort serait de courte durée - dans quelques jours, le froid polaire allait revenir.
Enfin, mon père fit une avancée majeure.
Intégré au cœur des moteurs, un cristal d'éther permettrait de contrôler la réaction en chaîne. Pour se passer de variateur, il ne manquait plus qu'une chose : une source stable d'électricité pour les moteurs et pour les systèmes de survie.
PROFESSEUR… DEPUIS COMBIEN DE TEMPS N'AVEZ-VOUS PAS DORMI ?
MERCI, SOPHIE.
HANS, SÉRAPHIN… VENEZ ICI !
ÉCOUTEZ-MOI…
IL NOUS RESTE 17 HEURES DE SOLEIL, C'EST JUSTE ASSEZ POUR NOUS PRÉPARER …
NOUS PRÉPARER AU DÉCOLLAGE ?
NOUS ALLONS DEVOIR PASSER LA NUIT SUR LA LUNE.
MAIS, MAIS… ON NE PEUT PAS RESTER ICI ! ON VA S'ASPHYXIER, ET PUIS MOURIR DE FROID !
LES CAVERNES NE PRÉSENTENT PAS LA MÊME AMPLITUDE THERMIQUE QUE LA SURFACE. L'AIR Y RESTE SANS DOUTE À L'ÉTAT GAZEUX. ON POURRA RESPIRER.
NOUS ALLONS TRANSPORTER L'ÉTHERNEF DANS LES GROTTES. CE SERA NOTRE REFUGE.

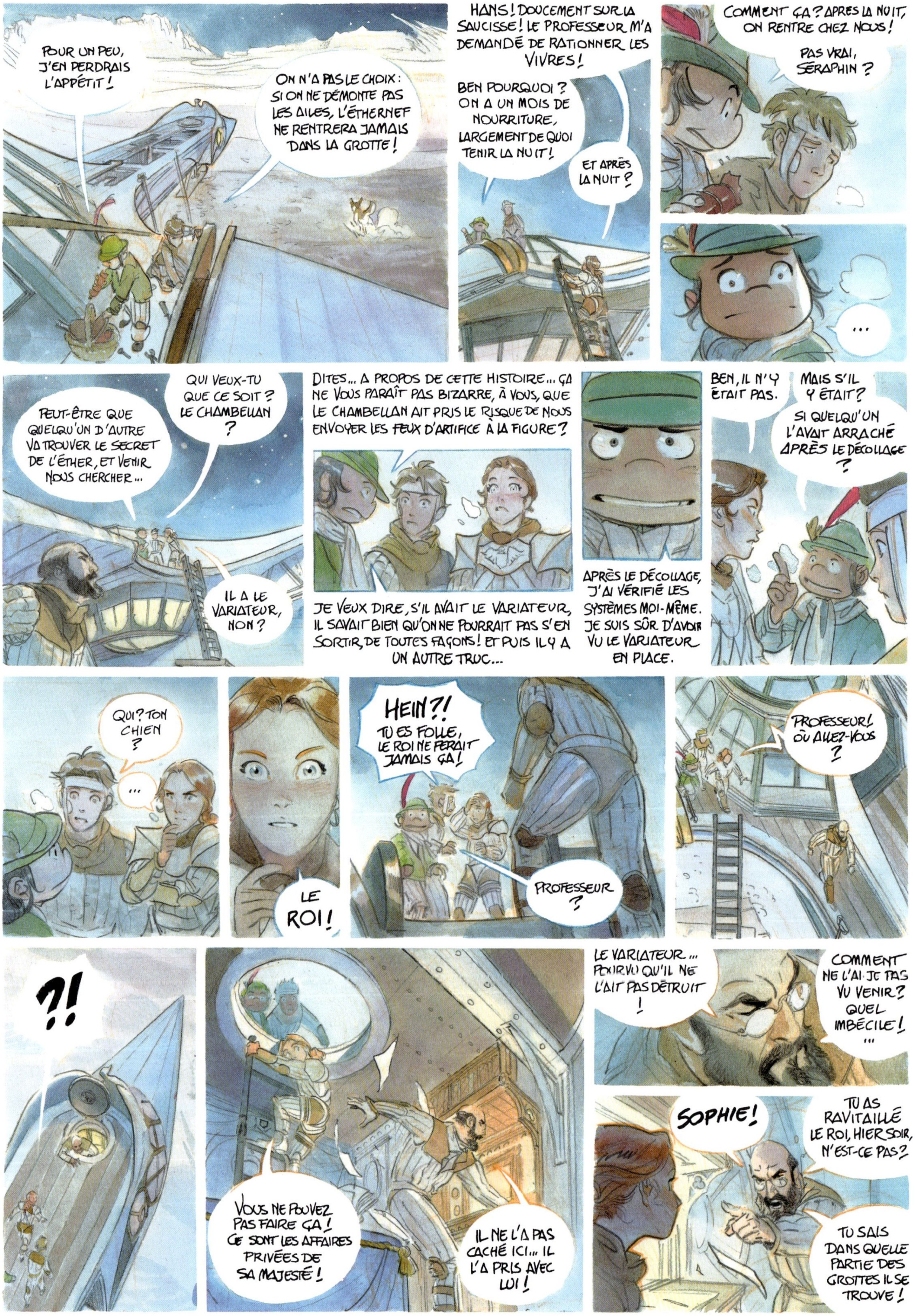

POUR UN PEU, J'EN PERDRAIS L'APPÉTIT !
ON N'A PAS LE CHOIX : SI ON NE DÉMONTE PAS LES AILES, L'ÉTHERNEF NE RENTRERA JAMAIS DANS LA GROTTE !
HANS ! DOUCEMENT SUR LA SAUCISSE ! LE PROFESSEUR M'A DEMANDÉ DE RATIONNER LES VIVRES !
BEN POURQUOI ? ON A UN MOIS DE NOURRITURE, LARGEMENT DE QUOI TENIR LA NUIT !
ET APRÈS LA NUIT ?
COMMENT ÇA ? APRÈS LA NUIT, ON RENTRE CHEZ NOUS !
PAS VRAI, SÉRAPHIN ?
...
PEUT-ÊTRE QUE QUELQU'UN D'AUTRE VA TROUVER LE SECRET DE L'ÉTHER, ET VENIR NOUS CHERCHER...
QUI VEUX-TU QUE CE SOIT ? LE CHAMBELLAN ?
IL A LE VARIATEUR, NON ?
DITES... À PROPOS DE CETTE HISTOIRE... ÇA NE VOUS PARAÎT PAS BIZARRE, À VOUS, QUE LE CHAMBELLAN AIT PRIS LE RISQUE DE NOUS ENVOYER LES FEUX D'ARTIFICE À LA FIGURE ?
JE VEUX DIRE, S'IL AVAIT LE VARIATEUR, IL SAVAIT BIEN QU'ON NE POURRAIT PAS S'EN SORTIR, DE TOUTES FAÇONS ! ET PUIS IL Y A UN AUTRE TRUC...
APRÈS LE DÉCOLLAGE, J'AI VÉRIFIÉ LES SYSTÈMES MOI-MÊME. JE SUIS SÛR D'AVOIR VU LE VARIATEUR EN PLACE.
BEN, IL N'Y ÉTAIT PAS.
MAIS S'IL Y ÉTAIT ?
SI QUELQU'UN L'AVAIT ARRACHÉ APRÈS LE DÉCOLLAGE ?
QUI ? TON CHIEN ?
...
LE ROI !
HEIN ?!
TU ES FOLLE, LE ROI NE FERAIT JAMAIS ÇA !
PROFESSEUR ?
PROFESSEUR ! OÙ ALLEZ-VOUS ?
?!
VOUS NE POUVEZ PAS FAIRE ÇA ! CE SONT LES AFFAIRES PRIVÉES DE SA MAJESTÉ !
IL NE L'A PAS CACHÉ ICI... IL L'A PRIS AVEC LUI !
LE VARIATEUR... POURVU QU'IL NE L'AIT PAS DÉTRUIT !
COMMENT NE L'AI-JE PAS VU VENIR ? QUEL IMBÉCILE ! ...
SOPHIE !
TU AS RAVITAILLÉ LE ROI, HIER SOIR, N'EST-CE PAS ?
TU SAIS DANS QUELLE PARTIE DES GROTTES IL SE TROUVE !

MAJESTÉ !!
SOPHIE, TU ES SÛRE QUE C'EST ICI QUE TU L'AS VU POUR LA DERNIÈRE FOIS ?
JE CROIS... MAIS VOUS AVEZ VU CE LABYRINTHE ?!
MAJESTÉ !
FALSTAFF ! CHERCHE LE ROI !
PAR ICI !
DES ORGUES !
DONNERWETTER ! LA CATHÉDRALE DES SÉLÉNITES !
NON, HANS ! DES ORGUES BASALTIQUES !
?
DES FORMATIONS VOLCANIQUES, COMME EN IRLANDE. LES ANCIENS LES PRENAIENT POUR DES CONSTRUCTIONS DIVINES. NOUS NE DEVONS PAS FAIRE LA MÊME ERREUR !
ALORS TOUT ÇA, C'EST NATUREL ! INCROYABLE ! REGARDEZ ÇA ! POUR UN PEU, ON AURAIT DIT DE L'ÉCRITURE !
...
!?
PROFESSEUR ?
IL Y A DES SPHÈRES COMME ÇA DANS LA NATURE ?
IL Y A LES PERLES DE CALCITE, OU LES NODULES DE PYRITE, MAIS CE NE SONT PAS DES SPHÈRES PARFAITES !
CELLE LÀ NON PLUS, REGARDEZ ! IL Y A DES GENRES DE PETITS CRATÈRES, COMME... COMME...
VENEZ VOIR !
CE N'EST PAS UN NODULE DE PYRITE...
... C'EST UNE MAQUETTE !

CHAPITRE 6

LE ROI-LUNE

UN "PLANÉTAIRE" !
UN MODÈLE DU SYSTÈME SOLAIRE !
DONNERWETTER ! SI C'EST UNE MAQUETTE, OÙ EST LE MAQUETTISTE ?
NE T'EN FAIS PAS, HANS ! À EN JUGER PAR LA GLACE ACCUMULÉE, CET ENDROIT EST ABANDONNÉ DEPUIS LONGTEMPS...
LÀ-HAUT !
COMMENT EST-IL ARRIVÉ LÀ ?
IL DOIT Y AVOIR UN ESCALIER, OU UNE RAMPE INVISIBLE EN ÉTHÉRITE !
MAJESTÉ !
VOUS AVIEZ RAISON.
VOUS ÊTES ARRIVÉ LÀ OÙ VOUS LE SOUHAITIEZ.
DANS CE... "CHÂTEAU DES ÉTOILES"...
... À PRÉSENT, RENDEZ-MOI MON VARIATEUR !
REGARDEZ AUTOUR DE VOUS, PROFESSEUR...
L'ÉTHERNEF N'A-T-IL PAS ACCOMPLI SA MISSION ?
À QUOI POURRAIT SERVIR VOTRE "VARIATEUR", À PRÉSENT QUE NOUS SOMMES ARRIVÉS ICI ?
ALORS C'EST BIEN LUI QUI L'A !
VOUS VOYEZ CETTE NEIGE, MAJESTÉ ? C'EST NOTRE ATMOSPHÈRE QUI RETOMBE AU SOL.
LA NUIT ARRIVE, ET NOUS N'Y SURVIVRONS PAS.
IL FAUT RENTRER SUR TERRE.

QUE FAIT-IL ?
TOUS AUX ABRIS ! UN TREMBLEMENT DE LUNE !
KKKKRRRRKRR
C'EST...
UNE PORTE ?!
NON ! REGARDEZ !
!
LE PLANÉTAIRE SE REMET EN MARCHE !
IL NE FAUT PAS RESTER ICI !
SÉRAPHIN !
JE CROIS QUE J'AI TROUVÉ LE DÉPART DE LA RAMPE !
VOTRE FILS VOUS MONTRE LA VOIE, PROFESSEUR. NOUS SOMMES PARVENUS JUSQU'ICI, CROYEZ-VOUS QUE CE SOIT UN HASARD ?
NOUS AVONS ÉTÉ CHOISIS. NE VOUS SOUCIEZ PLUS DE SURVIE, PROFESSEUR. LE CHÂTEAU DES ÉTOILES SERA NOTRE REFUGE.
LA LUNE...
... MON ROYAUME.
TU PARLES D'UN REFUGE ! QU'EST-CE QU'IL COMPTE MANGER LÀ-HAUT ?
CES MERVEILLES ONT ATTENDU DES SIÈCLES, ÇA NE FAIT AUCUN DOUTE... ELLES PEUVENT ENCORE ATTENDRE.
NOUS REVIENDRONS, MAJESTÉ. PLUS NOMBREUX, MIEUX ÉQUIPÉS.
QUAND TOUTE LA TERRE SAURA CE QUE NOUS AVONS TROUVÉ ICI...
TOUTE LA TERRE ?!

N'AVEZ-VOUS DONC AUCUNE IMAGINATION ? LE SECRET DE L'ÉTHER RÉVÉLÉ, NE VOYEZ-VOUS PAS DES ENGINS DE GUERRE S'ÉLEVER DES QUATRE COINS DU CIEL POUR FAIRE PLEUVOIR LA MORT ET LA DESTRUCTION SUR LES ENFANTS DE VOTRE PRÉCIEUSE TERRE ?
VOUS ARRIVE-T-IL JAMAIS DE PENSER AUX CONSÉQUENCES DE VOS DÉCOUVERTES, MONSIEUR LE SCIENTIFIQUE ?
... OU PÈSENT-ELLES SI PEU FACE À VOTRE PETITE GLOIRE FAMILIALE ?
LÂCHE ! HYPOCRITE !!
AVEZ-VOUS DEMANDÉ LEUR AVIS AUX ENFANTS AVANT DE SABOTER NOTRE APPAREIL POUR VOTRE ESCAPADE PRIVÉE ?
OUI, PÈRE.
?!
IL ME L'A DEMANDÉ ...
... ET J'AI DIT OUI.
POUR RETROUVER MAMAN.
SÉRAPHIN...
SÉRAPHIN !
PROFESSEUR, ATTENTION !
KRRRRR

KRRKKKK
AH!
SÉRAPHIN!
SOPHIE!!
PFIOU!
HF
HF
HF
ALORS C'EST VRAI?
TU ES LE COMPLICE DU ROI?

IL M'A DEMANDÉ JUSQU'OÙ J'ÉTAIS PRÊT À ALLER POUR ELLE. JE NE SAVAIS PAS CE QU'IL ALLAIT FAIRE !
ELLE...
ELLE ME MANQUE TELLEMENT !
SÉRAPHIN...
MON PÈRE ÉTAIT GUIDE DE MONTAGNE.
UN SOIR, IL N'EST PAS REVENU.
J'AI CRU QUE JE N'ALLAIS JAMAIS M'EN REMETTRE.
J'AI PLEURÉ TOUS LES JOURS.
JUSQU'À CE QUE JE COMPRENNE OÙ IL VIVAIT DÉSORMAIS...
JE SUIS DÉSOLÉ DE VOUS AVOIR ENTRAÎNÉS JUSQU'ICI !
TU VEUX RIRE, J'ESPÈRE !
TOUTE MA VIE, J'AI VOULU VOYAGER. ET REGARDE-MOI !
TU NE CROIS PAS QUE JE SUIS MIEUX ICI QU'À SERVIR DES KARTOFFELKNÖDEL EN BAVIÈRE ?
PROFESSEUR !
SÉRAPHIN ET MOI ALLONS RETROUVER LE ROI ET RÉCUPÉRER LE VARIATEUR ! VOUS ET HANS, REMETTEZ L'ÉTHERNEF EN ÉTAT DE VOLER !
MAIS...
LA NUIT TOMBE DÉJÀ ! ILS NE VONT JAMAIS Y ARRIVER !
...
PROFESSEUR !
FAITES-NOUS CONFIANCE.
REVIENS.
C'EST PROMIS.

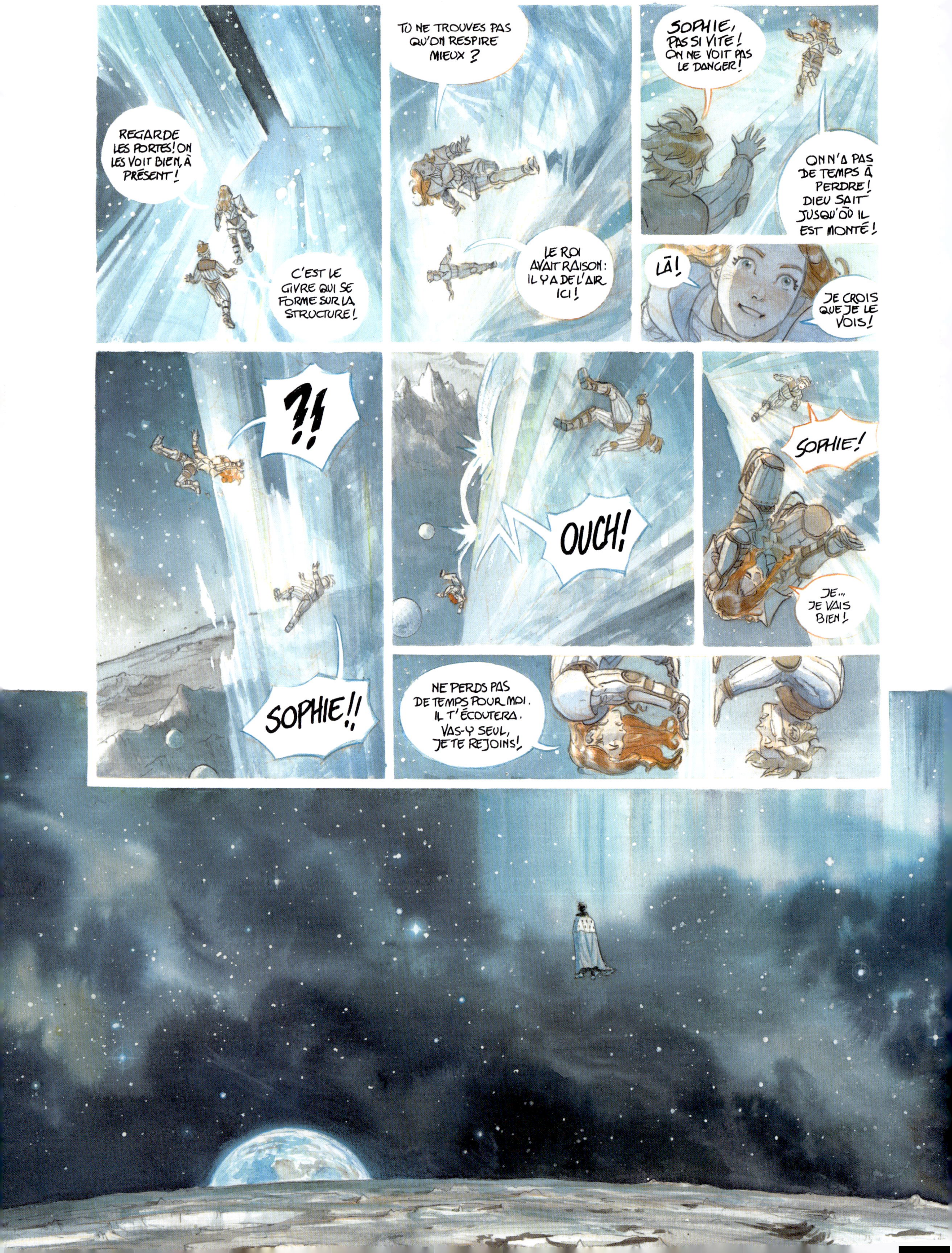
REGARDE LES PORTES ! ON LES VOIT BIEN, À PRÉSENT !
C'EST LE GIVRE QUI SE FORME SUR LA STRUCTURE !
TU NE TROUVES PAS QU'ON RESPIRE MIEUX ?
LE ROI AVAIT RAISON : IL Y A DE L'AIR ICI !
SOPHIE, PAS SI VITE ! ON NE VOIT PAS LE DANGER !
ON N'A PAS DE TEMPS À PERDRE ! DIEU SAIT JUSQU'OÙ IL EST MONTÉ !
LÀ !
JE CROIS QUE JE LE VOIS !
?!!
SOPHIE !!
OUCH !
SOPHIE !
JE... JE VAIS BIEN !
NE PERDS PAS DE TEMPS POUR MOI. IL T'ÉCOUTERA. VAS-Y SEUL, JE TE REJOINS !

...
LE VARIATEUR ÉLECTRO-ÉTHÉRIQUE, MAJESTÉ...
C'EST VOUS QUI L'AVEZ, N'EST-CE PAS ?
QUE FERAIS-TU, SI TU DEVENAIS ROI DEMAIN ?
SAIS-TU QUEL ÂGE J'AVAIS QUAND J'AI DÛ MONTER SUR LE TRÔNE ?
JE N'ÉTAIS PAS BEAUCOUP PLUS VIEUX QUE TOI...
J'AI VOULU LA PAIX, ET IL A FALLU FAIRE LA GUERRE, POUR ARRÊTER BISMARCK ET LA PRUSSE. IL NOUS A VAINCUS, FORCÉS À REJOINDRE SON ALLIANCE. IL A EU MA LIBERTÉ, BIENTÔT IL AURA MON TRÔNE...
CE SIÈCLE VEUT L'EMPIRE. IL VEUT LA GUERRE, ET NOYER DANS LA BOUE DES CHAMPS DE BATAILLE TOUT CE QUI EST BEAU ET GRAND...
EST-CE SUR CETTE TERRE QUE TU VEUX RENTRER AVEC TON PÈRE ?
...
LÀ OÙ J'AI GRANDI, MAJESTÉ, IL N'Y A PAS DE LACS. IL N'Y A PAS DE BELLES MONTAGNES...
IL Y A BIEN DES COLLINES, MAIS CE SONT LES TAS DE TERRE NOIRE QU'ON SORT DES MINES...
C'EST LÀ QUE TRAVAILLENT MES ANCIENS CAMARADES DE JEU. TOUS LES JOURS, ILS DESCENDENT AU FOND POUR LE CHARBON... POUR L'ÉNERGIE...
C'EST POUR EUX QUE MA MÈRE EST PARTIE DANS LE CIEL. POUR L'ÉTHER !
UNE ÉNERGIE INÉPUISABLE, JUSTE AU-DESSUS DE NOS TÊTES ! L'ÉTHER VA LES LIBÉRER !
C'EST UN BEAU RÊVE.
MAIS COMBIEN DE TEMPS CROIS-TU QU'IL FAUDRA POUR FAIRE DU SECRET DE L'ÉTHER UNE ARME AU SERVICE DES CONQUÉRANTS ?

NOUS LE PROTÉGERONS ! NOUS LE CONFIERONS AUX SAGES ET AUX SAVANTS !
CE MONDE N'EST PAS PARFAIT, MAJESTÉ. MAIS IL PEUT CHANGER !
LAISSEZ-NOUS RENTRER SUR TERRE, ET IL VA CHANGER !
TU AS LA FOI QUE J'AI PERDUE, PERCEVAL...
TIENS.
JE FAIS DE VOUS LES GARDIENS DU SECRET DE L'ÉTHER !
SOPHIE !
MAIS... ET VOUS, MAJESTÉ ? VOUS ALLEZ RESTER ICI ?!
?!
PROFESSEUR ! REGARDEZ !!

?!
ON BOUGE ?!
BON DIEU DE BOIS, ÇA N'EST PAS UN CHÂTEAU ! C'EST UN VAISSEAU DE L'ÉTHER !
OUI...
C'EST UNE ARCHE, QUI ATTENDAIT QUE L'HOMME PARVIENNE JUSQU'ICI... POUR L'EMMENER VERS SES CRÉATEURS !
IL FAUT PARTIR D'ICI !
SÉRAPHIN...
ES-TU CERTAIN DE VOULOIR RENTRER SUR TERRE ?
SOPHIE PEUT PARTIR AVEC LE VARIATEUR... MAIS TOI ? C'EST POUR TA MÈRE QUE TU ES VENU JUSQU'ICI... CONTRE TOUTE RAISON, TU AS VOULU CROIRE QUE TU LA RETROUVERAIS DANS L'ÉTHER...
VAS-TU ABANDONNER MAINTENANT, QUAND L'IMPOSSIBLE DEVIENT POSSIBLE ?
SAIS-TU QUELS MIRACLES NOUS ATTENDENT DANS L'AUTRE MONDE, AU BOUT DU CIEL ?
SÉRAPHIN ?
NON...
JE DONNERAIS TOUT POUR VOUS SUIVRE, MAJESTÉ. MAIS À LA FIN DE SA QUÊTE, LE CHEVALIER DOIT REVENIR DANS SON ROYAUME AVEC LE GRAAL. SINON, ÇA N'EST PAS UNE QUÊTE...
... C'EST JUSTE UNE FUITE.
REVENEZ AVEC NOUS, MAJESTÉ !
TU AS RAISON.
MAIS JE NE SUIS PAS LE CHEVALIER DE L'HISTOIRE...
JE NE SUIS QU'UN ROI...
...ET CE MONDE N'A PLUS BESOIN DE ROIS.
ADIEU, CHEVALIERS DE L'ÉTHER !
ADIEU...
MAJESTÉ.

NOUS SOMMES TROP HAUT !
SAUTE !
H... H...
S...
SOPHIE !
H...
H...
JE N'ARRIVE... PLUS...
...À RESPIRER !
CETTE NEIGE... EN DEHORS DU CHÂTEAU, NOUS PERDONS NOTRE AIR !
...
REGARDE ! L'ENTRÉE DES GALERIES !
COURAGE ! ON PEUT Y ARRIVER !
?!
SOPHIE !
S...
SOPHIE...
UNE ÉTOILE ...

SÉRAPHIN! SOPHIE!!
MAIS... PAR QUEL MIRACLE ?!
OÙ AVEZ-VOUS TROUVÉ LE COURANT POUR REDÉMARRER ?
HANS A TROUVÉ LE MOYEN DE RECHARGER LES BATTERIES!
J'AIME MIEUX VOUS DIRE QUE JE NE VAIS PAS TENIR COMME ÇA JUSQU'À LA TERRE!
VOUS AVEZ LE VARIATEUR ?
IIIIK IIK IIK IIIK IIIIK IIIK IIIK
SÉRAPHIN,
SOPHIE,
HANS...
IL EST TEMPS DE RENTRER CH NOUS.

L'AFRIQUE, L'AMÉRIQUE, L'ASIE...
PARIS, LONDRES, TOKYO, BOMBAY ...
OÙ ALLONS-NOUS NOUS POSER ?
BEN, PARDI ! AU "KLEINE KANARIENVOGEL" !
OÙ ÇA ?
LE MONDE ENTIER EST À NOTRE PORTÉE ET TA SEULE IDÉE C'EST D'ALLER VIDER UNE BIÈRE EN BAS DE CHEZ NOUS !
... ET RASSURER PAPA ET MAMAN.
C'EST TON PÈRE ET MA MÈRE, ET...
... TU AS RAISON.
JE SUIS DÉSOLÉ, MAIS NOUS NE POUVONS PAS NOUS POSER EN BAVIÈRE SANS LE ROI. NOUS SERIONS ARRÊTÉS SUR-LE-CHAMP... POUR L'INSTANT, NOUS DEVONS CACHER L'ÉTHERNEF LE TEMPS DE PESER NOTRE PROCHAIN GESTE...
PEUT-ÊTRE CHEZ TON GRAND-PÈRE EN BRETAGNE ? HANS, SOPHIE... NOUS ÉCRIRONS À VOS PARENTS POUR LES RASSURER !
EN FAIT, PÈRE, JE CROIS QUE HANS A RAISON...
AH !
LA VEILLE DU DÉCOLLAGE, J'AI PRIS SOIN DE CACHER LE CARNET DE MAMAN, AVEC TOUS LES SECRETS DE L'ÉTHER... SI QUELQUE CHOSE NOUS ARRIVAIT, JE NE VOULAIS PAS QU'IL SOIT PERDU À TOUT JAMAIS !
JE VIENS DE LE DIRE !
OÙ EST-IL ?
DANS LA BIBLIOTHÈQUE DU ROI... CACHÉ SOUS LA COUVERTURE DES LÉGENDES DU ROI ARTHUR !
LE MORTE D'ARTHUR
LE CHAMBELLAN NE LE TROUVERA JAMAIS ! LA LITTÉRATURE, ÇA N'EST PAS VRAIMENT SON RAYON !
C'EST VRAI, MAIS LE NOUVEAU ROI ? ON NE PEUT PAS PRENDRE CE RISQUE !

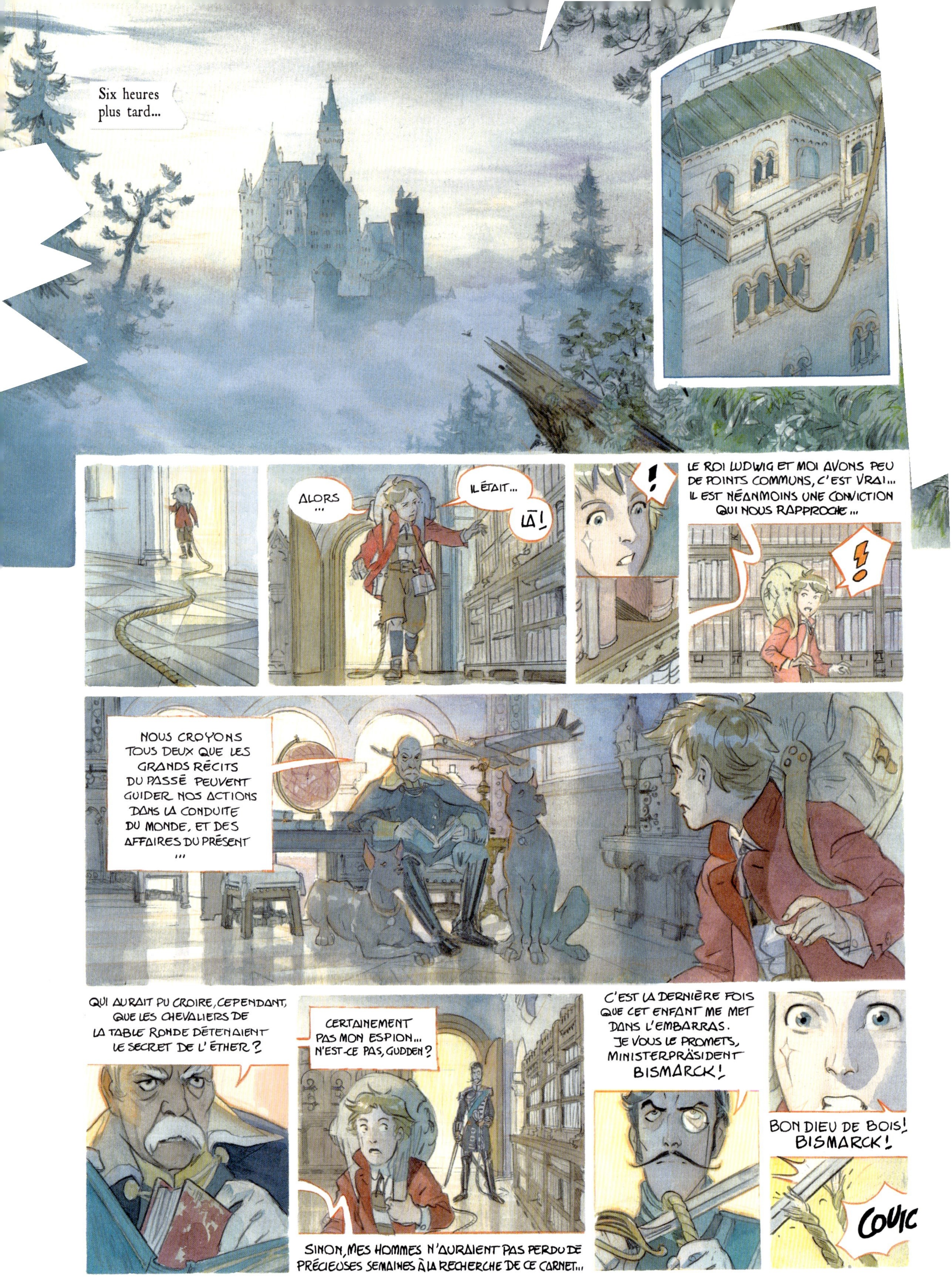
Six heures plus tard...
ALORS ...
IL ÉTAIT...
LÀ!
!
LE ROI LUDWIG ET MOI AVONS PEU DE POINTS COMMUNS, C'EST VRAI... IL EST NÉANMOINS UNE CONVICTION QUI NOUS RAPPROCHE...
!
NOUS CROYONS TOUS DEUX QUE LES GRANDS RÉCITS DU PASSÉ PEUVENT GUIDER NOS ACTIONS DANS LA CONDUITE DU MONDE, ET DES AFFAIRES DU PRÉSENT ...
QUI AURAIT PU CROIRE, CEPENDANT, QUE LES CHEVALIERS DE LA TABLE RONDE DÉTENAIENT LE SECRET DE L'ÉTHER?
CERTAINEMENT PAS MON ESPION... N'EST-CE PAS, GUDDEN?
SINON, MES HOMMES N'AURAIENT PAS PERDU DE PRÉCIEUSES SEMAINES À LA RECHERCHE DE CE CARNET...
C'EST LA DERNIÈRE FOIS QUE CET ENFANT ME MET DANS L'EMBARRAS. JE VOUS LE PROMETS, MINISTERPRÄSIDENT BISMARCK!
BON DIEU DE BOIS! BISMARCK!
COUIC

PROFESSEUR DULAC, JE PRÉSUME ...
!?
J'AI LU LE CARNET DE VOTRE ÉPOUSE. UNE FEMME ÉTONNANTE, À N'EN PAS DOUTER... IL EST MALHEUREUX QUE LA FRANCE N'AIT PAS VOULU CROIRE EN SES DÉCOUVERTES...
MES GENS VOUS ONT SOLIDEMENT AMARRÉ.
SI VOUS VOULEZ BIEN VOUS DONNER LA PEINE DE DESCENDRE DE VOTRE REMARQUABLE APPAREIL, NOUS POURRONS NOUS ENTRETENIR PLUS CONFORTABLEMENT.
JE SUIS HONORÉ DE RENCONTRER ENFIN L'INVENTEUR DU MOTEUR À ÉTHER...
MAIS LA PRUSSE EST LÀ POUR VOUS ACCUEILLIR. POUR RENDRE HOMMAGE À SA MÉMOIRE ET À VOTRE GÉNIE.
NON, PÈRE!
IL FAUT PROTÉGER LE SECRET DE L'ÉTHER!
IL EST TROP TARD POUR ÇA, GAMIN!
AÏE!
NON! NE VOUS LAISSEZ PAS PRENDRE!
PÈRE! FAITES CONFIANCE À L'ÉTHER!
?!
VOUS ME SURPRENEZ, PROFESSEUR. JE NE DOUTAIS PAS DE VOTRE INTÉGRITÉ...
... MAIS JE VOUS PENSAIS PLUS ATTACHÉ À VOTRE FAMILLE...
SCHWEINHUND!!

PÈRE!
JE TE TIENS! LÂCHE LES CRISTAUX D'ÉTHER!
QU'EST-CE QUE VOUS ATTENDEZ?! ABATTEZ-LES!!

ILS ONT LE CARNET ! NOUS NE POUVONS PAS LAISSER LES PRUSSIENS SEULS MAÎTRES DES CIEUX !
MAIS NOUS NE POUVONS PAS LEUR RETIRER LE SECRET DE L'ÉTHER !
IL N'Y A QU'UNE SEULE SOLUTION.
MAIS AVANT TOUT...
BRAF !
HELMUT ! C'EST TOI ?!
DONNERWETTER ! QUE FAIT CE BIBELOT DANS MES PÉTUNIAS ?!
GRANDS DIEUX ! HELMUT, C'EST UNE LETTRE DES ENFANTS !
HILDA !
PAPA !
MAMAN !
MES CHÉRIS !...

Sophie avait eu des idées de tour du monde, mais je ne crois pas que c'est ainsi qu'elle l'envisageait.
dura à peine crois semaines, et commença chez un imprimeur...
Nous ne pouvions laisser à la seule Prusse le contrôle de l'éther...
À quelle autre nation allions-nous livrer son secret ?
À la France, bien sûr, notre patrie. Mais les tensions avec la Prusse étaient déjà telles que laisser à ces deux-là le monopole de l'éther revenait à livrer un troupeau de moutons à deux aigles affamés...
Voilà comment je voyais les choses...
Lâchez UNE trottinette dans une cour de récré, et c'est la guerre...
Tous les journaux du monde avaient publié la description de l'éthernef. Ceux qui n'étaient pas en train de construire le leur étaient à la recherche du nôtre.
De folles rumeurs commencèrent à courir au sujet de la disparition du roi, et son lien avec l'appareil aperçu aux quatre coins du globe. Aucune ne parvint à être aussi fantastique que la réalité de notre équipée lunaire.
Nous avions trouvé refuge chez mon grand-père maternel, au large des côtes bretonnes.

Donnez-en une à chaque élève...
Vous aurez gagné la paix.
Et trois minutes plus tard...
...ce sera la course !
Il fallut un peu plus de trois minutes aux nations du monde pour réagir. Mais au bout d'une semaine le scepticisme fit place à l'enthousiasme et l'enthousiasme à la fièvre.
Tous les jours qui suivirent, de nouveaux programmes étaient lancés, de nouvelles sociétés constituées, toutes dans un seul but.
La course à l'espace était lancée.
Notre aventure s'achevait, l'âge de l'éther commençait...
Après quelques jours de repos, chacun avait repris ses travaux...
Mon père travaillait à améliorer les moteurs.
Quand il ne mettait pas au point de nouvelles recettes de crêpes, Hans remettait en état l'éthernef.
Mon grand-père, que je tenais pour un génie universel, étudiait les cristaux d'éther.
Quant à moi, j'aidais Sophie à acquérir des notions d'astronomie et de calcul de trajectoire. Elle passait ses nuits dans des équations compliquées dont elle ne voulait rien révéler...

FIN DE L'AVENTURE - LES CHEVALIERS DE L'ÉTHER REVIENDRONT DANS : "LES CHEVALIERS DE MARS"

DU MÊME AUTEUR

Siegfried, Livre I
Livre II – *La Walkyrie*
Livre III – *Le Crépuscule des dieux*
Éditions Dargaud
Par Alex Alice (scénario et dessin)

Le Troisième Testament, Livres I à IV
Éditions Glénat
Par Alex Alice (scénario et dessin) et Xavier Dorison (scénario)

Le Troisième Testament : Julius, Livres I à IV
Éditions Glénat
Par Alex Alice et Xavier Dorison (scénario), Robin Recht (dessin, Livre I),
Thimothée Montaigne (dessin, Livres II, III et IV)

Dans l'univers du *Château des étoiles*

DÉJÀ PARUS

En journaux
La gazette du Château des étoiles, n° 1 à 9

En album
1869 : la conquête de l'espace – Vol. I
Volume III – *Les chevaliers de Mars*

Le coffret univers
Une année dans le Château des étoiles

Plus d'informations et d'avant-premières sur
www.lechateaudesetoiles.com